Abderrahim Kamal

Esthétique
de
Claude Simon

Abécédaire

Du même auteur

-*La photographie selon Roland Barthes*. Dictionnaire raisonné, Publications de La Faculté des Lettres de Meknes, Coll. "Etudes et recherches", 1998.

-*Homo copiens. Essai sur le « nouveau jeune » et le savoir*, Publications du *Laboratoire de Recherche sur l'Expression Littéraire et Artistique*, USMBA, 2018. Repris dans Kindel Direct Publishing (2019).

Auteur : Abderrahim Kamal
Titre: *Esthétique de Claude Simon*
Année: 2019
Dépôt légal : 2019MO4383
ISBN : 978-9920-705-05-9

A Bernoussi Saltani et Marc Gontard
Poètes et professeurs de l'humain

Claude Simon
3, place Monge
75005 Paris

Paris, le 16. 12. 98

Cher Monsieur,

Comment vous remercier de votre envoi et vous dire à quel point je suis touché de l'attention minutieuse que vous portez à mes livres ?.. Votre travail est considérable et, pour moi, non seulement d'un énorme intérêt mais encore une aide précieuse car me voici replacé face de moi-même en ce recensement minutieux des mots ou de leur suite tenues, qui çà ou là, restent approximatifs (je n'ai pas, hélas !, la lucidité de Barthes et son sens aigu de la formulation !..) propos quelquefois étourdis ou trop nombreuses mais qui, dans leur ensemble et compte tenu de certaines faiblesses, résument assez bien ma position qui n'est pas celle d'un théoricien abstrait du roman mais d'un écrivain qui cherche plus ou moins à tâtons, à y voir un peu clair dans ce qu'il fait. Quant à la publication de ce beau travail

Lettre de Claude Simon à l'auteur
(extrait, fac-similé)

                              Paris, le 16.12.98

    Cher Monsieur,
    Comment vous remercier de votre envoi et
vous dire à quel point je suis touché de
l'attention minutieuse que vous portez à mes
livres? Votre travail est considérable et,
pour moi, non seulement d'un énorme intérêt
mais encore une aide précieuse car me voici
replacé par vous en face de moi-même en ce
recensement minutieux des propos que je peux
avoir tenus, ici ou là, souvent approximatifs
(je n'ai pas, hélas!, la lucidité de Barthes
et son sens aigu de la formulation!...),
propos quelquefois étourdis ou trop
péremptoires mais qui, dans l'ensemble et
compte tenu de certaines faiblesses, résument
assez bien ma position qui n'est pas celle
d'un théoricien abstrait du roman mais d'un
écrivain qui cherche, plus ou moins à tâtons,
à y voir un peu clair dans ce qu'il fait
[...].

                              Claude Simon

Avant-propos

L'abécédaire-ci, que nous mettons entre les mains du lecteur, est une tentative de synthèse et de mise au clair de la "pensée" esthétique (les principes) et de la poétique (le faire, les procédés) de Claude Simon telles qu'il les a exposées dans ses quelques essais et ses multiples entretiens et réponses à des enquêtes.

Bien entendu, une telle synthèse ne prétend à aucune exhaustivité. Notre souci majeur, en établissant le présent lexique, a été de rassembler les concepts et les notions qui nous ont semblé éclairer le mieux l'esthétique et la poétique de l'auteur et de les présenter de la manière la plus lisible et la plus économique possible.

Si l'ordre alphabétique adopté condamne le texte à la discontinuité, nous pensons que le système de renvoi interne (astérisque, renvoi direct et corrélats) permet de constituer des groupes conceptuels et notionnels pouvant présenter une certaine continuité de façon à ce que le lecteur puisse prendre connaissance des différents éléments afférents à un même aspect ou le complétant. Davantage, le lecteur pourra, par ce système d'interdéfinition, passer d'un principe esthétique à sa manifestation concrète ou à ses modes de concrétisation, et vice-versa. Enfin, et en vue de renvoyer le lecteur aux sources mêmes d'une définition, nous avons inscrit dans le corps du texte ou à la fin de chaque définition, une indication bibliographique abrégée qui permet l'identification de ces sources.

Par ailleurs, et pour mettre en relief le substrat cognitif de l'auteur (et donc, le phénomène d'intertextualité qui éclaire le romanesque de Simon), nous avons établi une sorte d'index des œuvres, artistes, écrivains, philosophes et critiques cités par l'auteur dans ses entretiens et essais. Nous pensons qu'un tel index pourrait expliquer nombre d'aspects relatifs à la genèse de l'œuvre, à la pensée qui l'a déterminée, et à l'évolution de ses formes et de ses contenus.

Quant à l'introduction, elle voudrait proposer une synthèse non pas du dictionnaire, mais de ce qui à notre sens constitue la matrice du projet d'écriture de Claude Simon : ce que nous appelons *le voir*. Un voir qui commande aussi bien les formes d'écriture et ses contenus qu'une façon d'être dans le monde et de le *vivre-penser*.

INTRODUCTION

Le voir ou l'écriture comme questionnement

"La réalité, personne ne peut la dire. C'est un mythe. Ca supposerait qu'on dise tout, ce qui est bien évidemment impossible. Dans un livre d'anatomie, vous pouvez trouver la description détaillée et complète d'un os d'un tibia, par exemple, et c'est d'ailleurs assez fascinant. *Mais cette description ne donne pas à voir. Or c'est le but de l'art*".

Claude Simon, *Libération*, 10 Décembre 1985.

"J'étais hanté par deux choses: la discontinuité, l'aspect fragmentaire des émotions que l'on éprouve et qui ne sont jamais reliés les unes aux autres, et en même temps leur contiguïté dans la conscience"

Claude Simon, *Les Nouvelles Littéraires*, 29 Décembre 1960

"Les mots, notre langue, ne sont pas les produits du hasard mais la pensée même"

Claude Simon, *Le Figaro Littéraire*, 3 Avril 1976)

"Ecrire est une mise en question"

Claude Simon, *Le Figaro Littéraire*, 3 Avril 1976.

"Essayons de revenir au primordial, à l'élémentaire, à la matière, aux choses"

Claude Simon, (*Libération*, 31 Août 1989)

"Comment était-ce? Comment savoir? (...) c'est en partie pour répondre à cette question que j'écris"

Claude Simon, *L'Evénement du jeudi*, 31 Août- 6 septembre 1989

"Le roman se fait, je le fais, il me fait",

Claude Simon, *Lettres françaises*, 13 - 19 Avril 1967.

Serions-nous trop réducteur - et peut-être démesurément ambitieux!- en parlant d'*une* poétique et d'*une* esthétique de Claude Simon?

Le serions-nous davantage en réduisant cette poétique et cette esthétique à un *voir* dont la définition serait aussi vague que douteuse?

Et pourtant, c'est ce que nous allons tenter d'esquisser dans cet essai. Car il semble que depuis *Le Sacre du printemps* (1954, son troisième roman) jusqu'au *Jardin des Plantes* (1998), ce sont les mêmes principes esthétiques et les mêmes questionnements sur l'Homme, le Réel, le Langage, la Vérité, le Temps et l'Ecriture qui orientent la production romanesque chez Claude Simon.

En 1957 (déjà! l'auteur avait, à cette époque, publié quatre textes: *Le Tricheur* (1945), *La corde raide* (1947), *Gulliver* (1952) et *Le Sacre du printemps* (1954)), Claude Simon articulait, dans une seule phrase, *poésie*, *philosophie* et ce qu'il appelait "*la plastique*"[1]. Ce projet d'un *écrire-voir*, c'est-à-dire d'un *écrire-penser*, qui avait, peut-être, émergé avec *Le Sacre du printemps*[2], allait, de livre en livre, constituer le noyau dur d'une esthétique et lancer l'auteur dans une recherche d'une poétique qui va continuer jusqu'au *Jardin des plantes*.

Cet écrire-voir et cet écrire-penser coïncident dans un *voir-penser* que Merleau-Ponty a essayé de développer[3].

---

[1] "Le roman, dit-il, est le plus accompli de tous les genres littéraires. *Poésie, philosophie, plastique*. Il contient tout", *Les Nouvelles littéraires*, 7 Novembre 1957.

[2] En effet, ce roman est considéré par l'auteur comme un livre décisif: "C'est sans doute, dit-il, *Le Sacre du printemps* qui fait l'axe, le pivot autour duquel tout tourne, devient autre, cesse apparemment de ressembler à ce qui précède" Et curieusement, ce tournant coïncide avec une expérience du *voir* imposée par la maladie: "Vous savez, cette mutation, c'est la maladie. J'ai vécu durant cinq mois allongé. Avec pour seul théâtre une fenêtre. Quoi? Que faire? Voir (expérience du voyeur), regarder avidement. Et se souvenir. La vue, la lenteur et la mémoire" (*Les Lettres Françaises,* 6-12 Octobre 1960).

[3] Cf. le cours de Merleau-Ponty sur Claude Simon au Collège de France et dont les notes ont été transcrites par Jacques Neefs et

Les deux dichotomies de ce projet constituent, à notre sens, la particularité et la spécificité de cet *écrire-voir-penser*; particularité et spécificité que nous voudrions condenser dans la formule *voir simonien*. C'est à la définition de ce voir, de ses principes esthétiques et des formes de sa poétique que nous allons nous attacher ici. Principes et formes tels qu'ils sont développés par l'écrivain dans ses entretiens, textes théoriques, ainsi que dans les enquêtes et débats auxquels il a participé.

1- Qu'est-ce que l'art?

Pour Simon, l'art est le lieu privilégié de rencontre des modes de pensée et de production les plus variés (littérature, philosophie, arts plastiques, histoire, sciences, etc.). La mise à contribution de ces modes dans l'écriture romanesque ne vise nullement à établir des vérités définitives et absolues, mais à questionner en permanence le réel, l'Homme et les sens que celui-ci produit.

Dans ce sens, l'art n'est pas que raison ou raisonnement, il est aussi et surtout sensibilité, ou plutôt, interpellation d'une "sensibilité individuelle à une autre". Il est partage d'une façon de *sentir/voir* le monde et non pas partage d'une signification unique et totale que l'œuvre voudrait communiquer. Le but de l'art, n'est donc pas de reproduire la réalité mais de *donner à voir* : créer, par le biais de formes adéquates, des *visions* où images, idées et sens[4] aident à découvrir l'Etre; car celui-ci ne se découvre que dans le travail de production de l'œuvre d'art. Et c'est en ce sens que l'œuvre d'art peut avoir une finalité exterieure à elle-mêmpe : "c'est seulement, dit Simon, parce qu'il ne se

---

Stéphanie Ménase dans la revue *Genesis*, n°6, 1994, pp. 133-166. Bien entendu, ces notes ne peuvent être saisies que si elles sont situées dans le système d'idées proposé dans *L'œil et l'esprit* et *Le visible et l'invisible*.

[4] Gilles Deleuze dans *Critique et clinique* et dans *Qu'est-ce que la philosphie* parle du roman comme production d'affects, de percepts, voire de concepts. Lire principalement le chapitre 7 intitulé « Percept, affect et concept».

préoccupe pas de "finalité" sociale qu'il a [l'art] justement une fonction sociale efficace"[5]. Car, l'art est indissociable de l'Histoire et de la dimension tragique qu'elle introduit dans l'œuvre d'art. Si l'Homme reste impuissant devant un Temps irréversible, l'œuvre d'art l'est également puisqu'elle se fait sur les ruines de l'Histoire. D'où le permanent questionnement sur la possibilité même d'une œuvre d'art bâtie sur les ruines.

C'est dire le caractère réflexif de l'œuvre d'art telle que Simon la conçoit. Dans ce sens, la réflexivité est, à notre avis, la pierre angulaire de l'édifice romanesque de l'auteur et revêt deux formes principales: *la réflexivité de l'écriture* où le texte s'écrit en s'auto-représentant, s'auto-recevant et s'auto-produisant et en s'interrogeant, en permanence, sur sa possibilité, ses conditions et ses limites; *la réflexivité conscientielle*, elle, est une sorte de retour de la conscience sur elle-même qui fait que le roman "mime" ce qui se passe dans le corps / la conscience de celui qui *écrit/ pense/ voit, dans/par le langage*. La fusion de ces deux types de réflexivité pendant l'acte d'écriture permet de révéler et la logique mathématique (interne) du langage et celle qui lie les choses du monde sensible. Claude Simon aime souvent rappeler parfois ce paradoxe de Novalis (auquel l'auteur souscrit totalement et qui met un terme au débat sur le réalisme et la référentialité du texte littéraire) : "il en va du langage comme des formules mathématiques: elles constituent un monde en soi, pour elles seules; elles jouent entre elles exclusivement, n'expriment rien sinon leur nature merveilleuse, ce qui justement fait qu'elles sont si expressives que justement en elles se reflète le jeu étrange des rapports entre les choses"[6].

En effet, pour Simon, "le 'référent' est un mot dangereux, à mettre entre guillemets [...] Les 'référents' d'une nature morte de Cézanne sont des pommes et un pichet sur une table. Cependant, ce n'est pas cela qui importe: c'est la façon dont il les peint. Et quand je dis "la

---

[5] Claude Simon, entretien avec M.Alphant, *Libération*, 6 Janvier 1988.

[6] Claude Simon, *Discours de Stockholm*, Paris, Minuit, 1986.

façon dont il les peint", je ne parle pas là d'une plus ou moins grande "ressemblance" ou "vraisemblance", d'identité d'aspect entre l'objet réel et l'objet peint [...] mais du rôle assigné par Cézanne à ces objets dans sa composition. On retombe toujours sur cette illusion de la représentation découlant du roman réaliste"[7]. En fait, le seul référent qui existe c'est le référent textuel, c'est-à-dire celui qui s'élabore à l'intérieur du texte et qui prend sa valeur (au sens saussurien du terme) à l'intérieur du système scriptural ou pictural ou musical. Et pour Simon la meilleur définition du référent, c'est celle donnée par Mallarmé: "Je dis fleur! et, hors de l'oubli où ma voix relègue aucun contour, en tant que quelque chose d'autre que les calices sus, musicalement se lève, idée même et suave, l'absente de tous les bouquets"[8]. Ailleurs, il affirme: "Le mot réalisme me gêne. J'aperçois si mal la réalité...et dès qu'elle est transcrite, c'est une autre réalité de mots, de langage, qui obéit à ses propres lois"[9]. Si la réalité change dans/par la conscience qui l'interroge, le langage, lui, fait à son tour, subir des transformations qu'imposent sa logique interne.

Le réalisme est, dans cette optique, une notion esthétique qu'il faut soit complètement occulter, soit redéfinir en fonction des spécificités du texte simonien. On pourrait, par exemple parler de "réalisme phénoménologique", ou de "réalisme conscientiel"[10]. D'ailleurs, pour l'auteur, "Balzac non plus n'est pas "réaliste" en ce sens que le réalisme n'existe pas". Et il ajoute que "sur ce point, le mot absolument génial de Magritte (et qu'on devrait faire inscrire au fronton de toutes les universités et de tous les musées) résume tout: 'Ceci n'est pas une pipe' "[11].

---

[7] Claude Simon, Entretien avec J. van Apeldoorn et C.Grivel, in *Ecriture de la religion. Ecriture du roman*, Gromingue, Centre Culturel Français, PUL, 1979, pp.87-107.

[8] Ibid.

[9] *Le Monde*, 26 avril 1967.

[10] Claude Simon, Entretien avec J. van Apeldoorn et C.Grivel, in *Ecriture de la religion. Ecriture du roman*, op.cit.

[11] Ibid.

Ainsi, le mot "réalisme" est un mot piège, car "la réalité, personne ne peut la dire. C'est un mythe. Ca supposerait qu'on dise tout, ce qui est bien évidemment impossible." Une description anatomiste d'une chose "ne donne pas à voir. Or, c'est là le but de l'art"[12]. L'art véritable ne copie pas la réalité. *Il donne à voir*. Le "voir" ici n'est pas la perception pure et simple de la surface de l'objet représenté, mais son essence telle qu'elle se constitue dans la conscience de l'homme avec ses connaissances, son vécu, sa mémoire, son imagination et les associations langagières qui les suscitent. En fait, ce que l'auteur reproche au réalisme c'est une double disparition: la disparition de l'écrivain et la disparition du travail d'écriture: "Si la personne de l'écrivain, dit Simon, est abolie (il doit "s'effacer" derrière ses personnages), son travail l'est aussi, ainsi que le produit de celui-ci, l'écriture elle-même: "Le meilleur des styles est celui qui ne se remarque pas", a-t-on coutume d'écrire, en rappelant la célèbre formule qui veut qu'un roman ne soit qu' "un miroir promené le long d'un chemin": une surface plane, unie, sans aspérités, sans rien d'autre, derrière une mince plaque de métal poli, que ces images virtuelles qu'il renvoie indifféremment les unes après les autres, objectivement -en d'autres termes: "Le monde comme si je n' étais pas là pour le dire", selon la formule de Baudelaire définissant ainsi ironiquement le "réalisme"."[13].

Représentation n'est pas présentation, c'est ainsi que nous pouvons résumer la réflexion de Simon sur le roman moderne en particulier et l'art moderne en général. A la représentation de la réalité, il faut, selon Simon, substituer la formule d' "invention de la réalité".

2- Langage de l'Etre, Etre du langage :
A ce stade, il faudrait essayer de définir la conception que l'auteur se fait du langage et d'interroger la double

---

[12] M.Alphant, *Libération*,10 déc.1985

[13] Claude Simon, *Discours de Stockholm*, op.cit.

dichotomie mot-mot et mot-chose, c'est-à-dire définir la conception que l'auteur se fait du langage dans ses rapports internes et externes *pendant l'acte d'écriture.*

Pour Simon, le langage est l'objet de l'écriture, "le langage considéré comme être"[14] Il n'y a nulle séparation entre parler-écrire et être. *C'est le langage qui fait l'Etre.* Et c'est face à une véritable problématique philosophique que Simon nous met avec cette proposition. En effet, le langage est, pour l'auteur, essentiellement métaphorique. Il n'y a pas un sens premier (ou sens propre) et un sens second (ou sens figuré). Car, si la métaphore est, par définition *transport* de sens qui va, en fait, d'un mot à un autre ou d'un ensemble de mots à un autre, ce transport finit par affecter toutes les couches d'une langue aussi bien horizontalement (d'un mot à l'autre) que verticalement (d'un paradigme à l'autre) et à déterminer la condition de l'Homme parlant. D'ailleurs, l'auteur souscrit totalement à l'analyse de Michel Deguy selon laquelle "Etre déchu c'est être victime d'une métaphore, être frappé de connaissance symbolique. Il [l'Homme] vit dans le symbole de ce qu'il est. Ce symbole est le "réel", est "la réalité""[15]. En d'autres termes, le langage (métaphorique dans son essence) la connaissance, le symbolique (dont la langue et la connaissance sont la substance) sont les formes d'une malédiction qui frappe l'Homme: l'Homme parlant-écrivant ne peut jamais atteindre ce qu'on a coutume d'appeler son être essentiel, ni, l'être essentiel du monde où il vit. En fait, la vraie condition humaine, ce n'est pas d'être mortel, mais de vivre dans la métaphore. Puisque la langue constitue l'être pensant-écrivant, son ordre relève d'une interrogation de l'ordre du vécu, et vice-versa[16].

---

[14] Claude Simon, Entretien avec M.Chapsal, *L'Express*, 3-9 avril 1967.

[15] Cité par Claude Simon dans une discussion lors du colloque de Cerisy sur le Nouveau roman dont les actes ont été repris dans *Nouveau roman, hier, aujourd'hui*, U.G.E, 1972 (2 tomes).

[16] "J'essaie, dit Simon, de trouver comment peut s'organiser dans la langue, cette langue qui nous constitue en tant qu'êtres pensants, tout ce magma de souvenirs et de sensations, qui nous constituent

Ainsi, la langue a un réel pouvoir manipulateur et structurateur de l'Homme et de ses productions. Elle travaille l'homme qui la travaille. L'écrivain est, dans ce sens, traversé par les lois internes et engendrantes de la langue. Autrement dit, il est le lieu où le langage se réfléchit et se recrée. Il faut donc savoir "écouter ses propositions", "sa logique profonde, sa dynamique, ses exigences"[17]. L'écrivain se met à écrire et puis le langage de lui-même engendre quelque chose dont il ne savait pas qu'il était porteur[18]. Cependant, la réflexivité productive du langage n'annule nullement le pouvoir gnoséologique de l'écriture: dans celle-ci le monde se dévoile et se reconstitue; par celle-ci l'écrivain découvre *cet essentiel qui se cache dans la chose concrète, la chose vécue.*

3- L'écriture comme questionnement

Dans ces conditions qu'est-ce que donc "écrire"?

Ecrire, c'est questionner le monde. En 1959 déjà, Claude Simon affirmait: "écrire me semble être un nouveau moyen de connaissance, car cela consiste essentiellement à établir des rapports entre les choses"[19]. L'établissement de ces rapports ne peut se faire que par l'établissement de nouveaux types de rapports entre les mots qui les désignent. Ecrire suppose donc un double travail de contestation: contestation des règles "traditionnelles" qui lient les mots et les ensembles de mots entre eux, et contestation des modes stéréotypés de *voir les choses*[20].

Ecrire, c'est également se découvrir et découvrir le monde tel qu'il se révèle en nous dans/ par l'écriture. Il s'agit donc de "dire le monde et les choses (ou plutôt UN monde

---

en tant qu'êtres sensibles", entretien avec Tanase, *Médias*, 12 Février 1988.

[17] Claude Simon, Entretien avec J. van Apeldoorn et C.Grivel, in *Ecriture de la religion. Ecriture du roman*, op.cit.

[18] Claude Simon, *L'Express*, 5 avril 1962.

[19] *Lettres Françaises*, 12-18 mars 1959.

[20] "Ecrire, dit l'auteur en 1960, c'est contester les formes et les rapports établis, reconnus, consacrés", *L'Express*, 10 *Novembre* 1960.

et DES choses"[21] en vue de les interroger, car l'écriture "est une mise en question"[22] d'une *expérience vécue, sentie*.

Cette conception de l'écriture comme questionnement, Simon va la résumer treize ans plus tard en répondant à une question d'André Clavel: "Comment était-ce? Comment savoir?, dit-il, c'est en partie pour répondre à cette question que j'écris"[23].

Si l'on affirme, communément, que philosopher c'est poser la question, il apparaît de ce qui précède qu'écrire, pour Claude Simon, c'est également poser la question.

4- Le roman phénoménologique, le roman comme phénoménologie

Pour Simon, nous l'avons déjà dit, le roman est "le plus accompli de tous les genres littéraires. Poésie, philosophie, plastique. Il contient tout"[24]. Il permet donc de "communiquer le maximum", c'est-à-dire le maximum d'idées, d'images, de significations et de questionnements. Mieux encore, il permet à l'écrivain de découvrir et de comprendre l'Homme et le monde par le biais de l'écriture.

Le roman, nous l'avons vu, est également un "instrument de connaissance" qui permet d'établir des rapports nouveaux entre les choses. Autrement dit, c'est la mise en rapport des choses qui, habituellement, sont inconciliables, qui révèle des aspects cachés et des sens insoupçonnés de la réalité.

Par ailleurs, si "l'art du roman exclut toute continuité" (Novalis), la *discontinuité* et la *simultanéité* doivent être les caractéristiques fondamentales du genre romanesque, car le roman s'attache à explorer le monde et la vie tels qu'ils se proposent au corps de l'écrivain et à sa conscience. Un roman linéaire, continu (tel le roman classique) est pure artifice[25].

---

[21] Claude Simon, *Le Figaro Littéraire*, 3 avril 1976.

[22] Ibid.

[23] *L'Evénement du Jeudi*, 31 Août- 6 Septembre 1989.

[24] *Nouvelles Littéraires*, 7 Novembre 1957.

[25] Dans un entretien, Simon insiste sur ce principe esthétique de simultanéité de la manière suivante: "Il y a, dit-il, la traditionnelle

Le roman est, dans ce sens, retour aux choses mêmes telles qu'elles sont vécues, senties, pensées *dans le corps écrivant*. L'auteur le répète souvent: "je suis un concret", ou encore "je suis un sensoriel". Parlant du *Palace*, Simon affirme son intention de "décrire des odeurs, des sensations tactiles, des émotions", et il ajoute "j'aime faire traduire en mots, en langage, ce que Samuel Beckett appelle le "comment c'est". Ou plutôt le "comment c'est maintenant", comment c'est désormais dans ma mémoire"[26]. Ce qui compte, pour le narrateur simonien, c'est le fonctionnement scriptural de la conscience: celle-ci englobant aussi bien cette mémoire "volontaire" mais déroutante et lacunaire que la "mémoire involontaire" du corps. Celle-ci est, pour l'auteur "la seule vraie", c'est-à-dire "la mémoire des muscles". Et il ajoute "Vous savez, les jambes, les bras sont pleins de souvenirs engourdis"[27].

Enfin, il ne faut pas entendre le mot "phénoménologique" dans quelque sens strict de l'usage philosophique. Simon ne procède pas à l'application de tel ou tel système philosophique husserlien, sartrien, heideggerien, ou merleau-pontien ou autre. Bien au contraire, Simon est parvenu à construire une vraie démarche phénoménologique qui articule la question de l'être avec la question du langage dans un *écrire-voir-penser*. En outre, la dialectique moi/soi s'impose d'elle-même lorsqu'on aborde l'univers romanesque de Simon. D'elle découlent aussi bien des problèmes d'ordre générique

---

définition du roman comme miroir promené le long d'un chemin dans lequel se reflètent tous les événements successivement. Je verrais plutôt le roman comme une grande glace dans laquelle se refléteraient à la fois tous les tournants, tous les angles, tous les événements, toutes les fleurs au bord du chemin, etc." (entretien avec J. van Apeldoorn et C.Grivel, in *Ecriture de la religion. Ecriture du roman*, Gromingue, Centre Culturel Français, PUL, 1979, pp.87-107). En fait, ce qui distingue, entre autres, le roman stendhalien du roman simonien, c'est le respect de la successivité et de la loi de causalité par le premier, et la recherche de structures aptes à rendre la simultanéité des contenus vécus, par le deuxième.
[26] *L'Express*, 5 avril 1962
[27] Ibid.

(roman, autobiographie, Histoire) que des problèmes d'ordre philosophique. Lorsque l'auteur affirme, par exemple: "imaginer l'histoire des autres c'est donc encore se souvenir de soi" et plus loin: "le monde se reflète en nous"[28], c'est la problématique phénoménologique de l'Etre qu'il pose. Car, en définitive, c'est l'ensemble des questions discutées par ces systèmes philosophiques, qui est mis à contribution: le soi, le monde physique, le temps, la perception, la mémoire, le corps, le langage, l'espace, l'Histoire, le moi et Autrui, etc. Ecrire le moi, c'est, aux yeux de Simon, tenter d'*atteindre l'essence de l'Etre dans la conscience écrivante-méditante-interrogeante d'un "je"* qui ne se confond jamais avec un ego singulier mais qui prend la forme d'un ego phénoménologique transcendantal : "Le monde, affirme-t-il, m'intéresse en tant que tel: un papillon, la mer, une femme, un cheval."[29]. Sa "philosophie" ne vise donc pas l'élaboration d'une métaphysique, mais de réfléchir la chose même, dans sa concrétude, telle qu'elle se présente à la conscience interrogeante de l'écrivain au moment où il écrit. Enfin, si l'auteur rejette la crédibilité traditionnelle fondée sur le vraisemblable et sur une causalité extérieure, c'est parce qu'il ne croit pas à l'omniscience du narrateur, ce *deus ex machina*. La crédibilité compositionnelle (la causalité intérieure fondée sur les qualités des mots) est soutenue par une logique sensitive qui instaure le même type de rapports entre les éléments: *l'ordre des qualités des mots et "l'ordre sensible des choses" vont de pair*[30]. Les mêmes rapports qualitatifs d'assonance, d'association, d'harmonie, de contraste, d'opposition ou de dissonance lient aussi bien les mots que les choses, les sensations que les réminiscences. Et c'est dans ces rapports que se cache "la minuscule parcelle de vérité que je crois avoir observé[31]. Nous pouvons à ce stade avancer que l'auteur procède, dans sa recherche de la vérité des choses, comme un philosophe tentant de déceler le monde essentiel qui se cache non pas derrière mais *dans*

---

[28] *Lettres Françaises*, 13-19 avril 1967.

[29] Entretien avec M.Alphant, *Libération*, 10 Décembre 1985

[30] Claude Simon, *Discours de Stockholm*, Paris, Minuit, 1986.

[31] *Lettres Françaises*, 12-18 mars 1959.

le monde des apparences et ce, en vue de fonder une sorte d'*ontologie littéraire* dont le contenu et la "méthode" sont ce *voir* dont nous essayons de décrire la démarche et de définir les contenus.

5- Le voir simonien: un texte conscientiel[32] :

Redisons-le : dans l'esthétique simonienne, *écrire* est indissociable d'un *penser* et d'un *voir*. Réflexivité scripturale et réflexivité conscientielle sont consubstantielles au monde écrit (ou à écrire) et pendant ce présent de l'écriture qui est, en fait, un présent conscientiel : présent où mémoire, perception et imagination sont appréhendées dans leur fonctionnement scriptural; présent où l'écriture est appréhendée dans son fonctionnement mnésique, perceptif et imaginationnel.

En effet, la conscience est le site de l'édifice romanesque de Claude Simon et de son architecture particulière : "Tant de choses coexistent et s'interpénètrent dans notre conscience! Le point, la phrase courte, amènent des césures, coupent ce qui n'est pas coupé dans la réalité mentale."[33] Ce qui intéresse donc Simon, ce n'est pas la perception pure mais la perception vécue de l'intérieur et dans son interaction avec les autres plans de la vie mentale: souvenir, imagination, oubli etc. Par ailleurs, la perception, comme plan de la conscience, intéresse l'auteur par sa dimension temporelle: la simultanéité. Car "on n'écrit jamais que ce qui se passe au présent de l'écriture": voilà un principe esthétique qui commande les formes et les contenus du roman simonien. Si l'on essaie d'énumérer tout ce qu'un

---

[32] Dans un entretien avec Jacqueline Piattier et en réponse à la remarque-question : "Au fond, vous cherchez à rendre la vie comme elle est...", Simon répond: "la vie mentale, oui" (*Le Monde*, 26 avril 1976). La formule "texte conscientiel" que nous proposons ici voudrait éviter qu'on interprète la réponse de l'auteur ("la vie mentale") avec quelque psychologisme tel que le roman psychologique l'a établi. La vie mentale est un espace d'écriture du monde, de sa saisie sensorielle et réflexive. La vie mentale (le texte conscientiel) est l'espace de construction de l'Etre.

[33] *Le Monde*, 26 avril 1967

tel principe développe, on pourrait parler de types et de plans de réflexivité. En effet, dans le présent de l'écriture :

1- le temps des horloges s'annule: on accède à une temporalité textuelle où il n'y a ni passé ni futur, mais passé et futur de formes textuelles qui s'engendrent les unes des autres;

2- il n'y a plus un "avant l'écriture" et un "après l'écriture": ni schéma d'écriture, ni destinataire réel en fonction duquel (ou plutôt de son attente) le texte est écrit;

3- les mots deviennent le lieu de cristallisation de la mémoire (de l'histoire: celle des mots, celle de l'écrivain et celle de la société) et le lieu de fertilisation des potentialités "fictionnelles" contenues dans chacun des niveaux linguistiques (phonique, sémantique, figural, syntaxique, etc.);

4- confluent et s'interpénètrent l'écrit, le pensé, le senti, le perçu, le remémoré et l'imaginé. Bien entendu, seule la conscience de celui qui écrit peut rassembler dans une simultanéité vive tous ces plans du vivre. Ou plutôt, le présent de l'écriture est, en fait, *le présent d'une conscience écrivante qui se mime et s'analyse dans cet acte d'écriture*; coïncidence du "percevoir", du "penser" et de l' "écrire" que l'auteur a mis du temps à comprendre: "j'ai mis un moment à comprendre que c'était cela, que l'on n'écrit jamais quelque chose qui se serait passé (ou pensé) avant que l'on se mette à écrire, mais ce qui se passe (se pense) au présent de l'écriture."[34];

5- enfin, le temps de l'écriture, est un présent éternel, ou plutôt, un présent atemporel, non mesurable, non identifiable quantitativement : dans la conscience, tous les temps (passé, présent, futur) se fondent dans ce présent conscientiel et scriptural. *Ecriture de la conscience* et *conscience écrivante* sont les termes d'une temporalité mentale, analysable phénoménologiquement.

Dans son *Discours de Stockholm*, Simon fait une sorte de synthèse de tous ces aspects. En effet, parlant des méandres de l'écriture, il met l'accent sur cette a-temporalité

---

[34] L.Dällenbach, *Claude Simon,* Paris, Seuil, 1988

conscientielle faite principalement d'images, c'est-à-dire d'un temps spatial fonctionnant par contiguïté et par associations qualitatives: "le chemin suivi, dit-il, sera alors, on s'en doute, bien différent de celui du romancier qui, à partir d'un "commencement", arrive à une "fin". Cet autre, frayé à grand-peine par un explorateur dans une contrée inconnue (s'égarant, revenant sur ses pas, guidé -ou trompé- par la ressemblance de certains lieux pourtant différents ou, au contraire, les différents aspects du même lieu), cet autre se recoupe fréquemment, repasse par des carrefours déjà traversés, et il peut même arriver (c'est le plus logique) qu'à la fin de cette *investigation dans le présent des images et des émotions* dont aucune n'est ni plus loin ni plus près que l'autre (car les mots possèdent ce prodigieux pouvoir de rapprocher et de confronter ce qui, sans eux, resterait épars dans le temps des horloges et l'espace mesurable), il peut arriver que l'on soit ramené à la case de départ, seulement plus riche d'avoir indiqué quelques directions, jeté quelques passerelles, être peut-être parvenu, par l'approfondissement acharné du particulier et sans prétendre avoir tout dit, à *ce "fonds commun" où chacun pourra reconnaître un peu -ou beaucoup- de lui-même*"[35]. Ce temps d'images est donc un temps conscientiel tout en étant un temps scriptural. Il constitue une sorte d'archétype archaïque, un "fonds communs" que chacun porte en lui et que dévoile l'écriture. En un mot, le présent de l'écriture, ce "présent d'images" est un temps phénoménologique saisissant la conscience de l'Homme dans un acte de langage, c'est-à-dire dans une forme d'être.

Ainsi, la temporalité dans l'écriture de Claude Simon n'est pas seulement cet espace où le temps de l'histoire et le temps de la narration entrent dans un jeu d'inversion, de raccordement, de vitesse, de décalage, etc. Cette temporalité est d'abord une affaire de rythmique, de tempo, c'est-à-dire, une affaire de construction mathématique, car "l'écriture se déroule dans le temps, sa dimension est linéaire, et toutes ces choses qui co-existent dans mon esprit doivent être

---

[35] Claude Simon, *Discours de Stockholm*, op.cit.

mises les unes après les autres. De là un type de construction un peu semblable à celui de la fugue où les thèmes vont et viennent, s'entrelacent...Essayer de faire sentir au lecteur que l'on est toujours dans cet entrelacs d'images et d'émotions plus ou moins récurrentes..."[36].

En somme, le temps est, chez Claude Simon, une problématique philosophique en rapport direct avec la question de l'Etre et du langage scriptural. Ecrire, c'est essayer de rendre, de représenter l'espace conscientiel où s'ordonnent simultanément des contenus divers (souvenirs, sensations, émotions, perceptions, fragments de textes lus, vus, entendus, etc.). Autant dire que la problématique du temps induit une réflexion sur le temps et l'espace, ou plutôt du temps spatialisé, une réflexion sur les diverses esthétiques principalement visuelles, et une réflexion sur les possibles et les limites du langage humain, et dont le langage littéraire n'est qu'une composante parmi d'autres.

Venons en maintenant à ce "voir" et à ses tenants et aboutissants.

L'expérience du voir ne relève pas seulement de l'ordre esthétique, elle est d'abord et surtout une expérience vécue. Et c'est en ce sens que *Le Sacre du printemps* (1954) est considéré par l'auteur comme un livre décisif: "C'est sans doute, dit-il, *Le Sacre du printemps* qui fait l'axe, le pivot autour duquel tout tourne, devient autre, cesse apparemment de ressembler à ce qui précède. Vous savez, cette mutation, c'est la maladie. J'ai vécu durant cinq mois allongé. Avec pour seul théâtre une fenêtre. Quoi? Que faire? *Voir* (expérience du voyeur), regarder avidement. Et se souvenir. *La vue, la lenteur et la mémoire.*"[37].

C'est vraisemblablement là le contenu de cette mutation: l'importance du voir, du visuel, qui va "envahir" toute la production suivante.

Dailleurs, dans Critique et clinique et dans L'Abécéaire, voir (par l'écriture) une image n'est pas défini - pour reprendre les notions deleuziennes - construire des affects ou des percepts; c'est aussi et simultanément penser

---

[36] Tanase, *Médias*, 12 février 1988.
[37] H.Juin, *Les Lettres Françaises*, 6-12 octobre 1960.

une idée, construire un concept. Dans ce même sens, et dans une tentative de définir le mot "idée", Simon rappelle l'étymologie grecque de celui-ci en insistant sur l'articulation du conceptuel, du visuel et de la vision: "notre vocabulaire, dit-il, n'est pas un ensemble de signes inertes; chaque mot est porteur d'une charge à la fois historique, culturelle, phonétique; ce n'est pas par hasard que le mot *rideau* nous fait penser à un rideau d'arbres aux ris de l'eau, à Agrippine et à Polonius; ce n'est pas par un effet de hasard non plus [...] que le mot *idée* vient, par le latin, du grec *eidéa* (image, idée), lui-même du verbe *eiden* (voir) qui a donné par ailleurs *eidos* qui veut dire: figure, forme, et [...] ce n'est pas non plus par hasard enfin que s'est formé ce vaste ensemble de figures métaphoriques dans et par quoi se dit le monde"[38]. Le voir est l'articulation systématique du concept, du percept et de l'affect dans la vision verbale, le tout selon une logique musicale, c'est-à-dire, mathématique.

Le voir ne se ramène pas seulement à l'ordre du perceptif, puisque même une description minutieuse d'un objet "ne donne pas à voir". Voir, au sens où l'entend Simon, c'est révéler une essence et la penser par images verbales.

Ce que nous appelons "voir simonien" a trait également à cette visualité qui domine tous ses écrits et que Simon appellera dans son *Discours de Stockholm*, un "paysage intérieur", c'est-à-dire aussi bien une image mentale (souvenir, imagination) que la transmutation du perçu, senti, pensé en images verbales. De ce fait, le "voir" est le lieu d'un paradoxe esthétique: comment rendre la planéité de ces images par une systémique linéaire: "la description, dit l'auteur, de ce que l'on pourrait appeler un "paysage intérieur" apparemment statique, et dont la principale caractéristique est que rien n'y est proche ni lointain, se révèle être elle-même non pas statique mais au contraire dynamique: forcé par la configuration linéaire de la langue d'énumérer les unes après les autres les composantes de ce paysage (ce qui est déjà procéder à un

---

[38] *Nouveau roman, hier, aujourd'hui*, U.G.E, 1972, t.2.

choix préférentiel, à une valorisation subjective de certaines d'entre elles par rapport aux autres), l'écrivain, dès qu'il commence à tracer un mot sur le papier, touche aussitôt à ce prodigieux ensemble, ce prodigieux réseau de rapports établis dans et par cette langue"[39]. "L'image intérieure" est du coup relayée, transmutée dans une imagerie littéraire inhérente à tout acte de parole-écriture: car parler, écrire, c'est activer la langue dans ses fondements et dans son historicité, c'est mobiliser "les tropes, les métonymies et les métaphores dont aucune n'est l'effet du hasard mais tout au contraire partie constitutive de la connaissance du monde et des choses peu à peu acquise par l'homme."[40]. Le voir est en dernière analyse un mode de connaissance axée sur la vision mais une vision indissociable de "l'imagination verbale" et de la "sensibilité langagière".

Simon résume le voir tel que nous l'envisageons par cette formule simple : "Non plus démontrer, donc, mais montrer, non plus reproduire mais produire, non plus exprimer mais découvrir"[41]. L'objectif du voir consiste justement à montrer une image (intérieure, extérieure), à produire une image littéraire dont les fondements principiels sont d'ordre pictural et musical, et enfin à découvrir l'image du monde tel qu'elle se constitue dans la conscience et plus précisément dans la conscience écrivante. Dans un entretien avec l'auteur, D.Eribon condense dans une phrase lumineuse cette articulation esthétique: "le rythme chez Simon, dit-il, c'est une façon de voir les choses"[42] Tout le "voir" simonien (son écrire, son penser) est là.

---

[39] Claude Simon, *Discours de Stockholm*, op.cit.
[40] Ibid.
[41] Claude Simon, *Discours de Stockholm*, op.cit.
[42] D.Eribon, *Libération,* 29 août 1981

-I-

ESTHETIQUE DE CLAUDE SIMON

Abécédaire

Quelques abréviations
K.R.Q : *Kentucky Romance Review*
L.F.: *Lettres Françaises (Les)*
L.N.: *Lettres Nouvelles (Les)*
N.F.: *Nouvelles Françaises (Les)*
N.L.: *Nouvelles Littéraires (Les)*
N.R.H.A.: *Nouveau Roman: hier, aujourd'hui,* colloque Cerisy, J.Ricardou (dir.), U.G.E., 1972

A

Acacia (L')

L'Acacia est un roman que Claude Simon publie en 1989. A son propos L'auteur dit: "*L'Acacia* est une sorte de roman d'apprentissage. J'avais d'ailleurs pensé le soutitrer: *Une éducation sentimentale..*" Par ailleurs, répondant à la question de savoir si ce roman ne constituait pas une sorte de clé pour l'oeuvre entière, l'auteur affirme: "une clé, si vous voulez, mais qui ne ferme rien. Le sens reste ouvert. J'ai aussi pensé, un moment, appeler ce livre *Compléments d'informations*" (M.Alphant, *Libération*, 31 août 1989).

Architecture sensorielle
Voir : Mémoire, Sensorialité

Art

L'évolution des formes et des pratiques d'écriture est indissociable, chez un écrivain, des conceptions que celui-ci a de l'art. Claude Simon n'échappe pas à cette règle. Dans ce qui suit, nous présentons ses conceptions-clés de l'art dans un ordre chronologique. Cela ne veut pas dire qu'une conception exclut nécessairement l'autre.

1.

Dans l'une de ses multiples définitions de l'art, Simon donne celle-ci qui nous paraît fondamentale: "Et l'art, c'est ça, n'est-ce pas, communiquer". Définition d'autant plus importante qu'elle met en pièces l'argument d'hermétisme des détracteurs de l'auteur. En fait, communiquer, dans le domaine de l'art ne doit nullement être associé à simplicité, facilité ou lisibilité; puisqu'il s'agit de communiquer un ensemble d'idées, d'images, de sensations et de significations qui nécessitent une mise en forme adéquate. Aussi, communiquer, selon Simon, c'est mobiliser des formes qui relèvent de la poésie, de la philosophie et de la plastique (voir *roman) (*N.L.*, 7 nov. 1957).

2.

Ce qui caractérise l'art, selon Simon, c'est sa mouvance infinie parce qu'il est "perpétuelle insatisfaction, perpétuelle remise en question, perpétuel dépassement". D'où cette comparaison, si fréquente chez lui, de l'art et de la science: "l'art, dit-il, dans son essence même, est comme la science, mouvement, changement, permanente révolution". Ce sens de la relativité explique la relativité du sens et pose l'inachèvement comme principe esthétique de la forme romanesque. (*L.F.*, 13-18 mars 1959).

3.

Dans une conférence prononcée à la Sorbonne, l'art est défini par Simon comme un "appel d'une sensibilité individuelle à une autre, et s'inscrit dans ce mouvement de révolution permanente". L'art, dans ce sens, est établissement d'un rapport non pas rationnel mais sensoriel, voire"sensuel" avec le langage et ses contenus: rapport qui fonde la sensibilité partagée entre l'écrivain et son lecteur. (*L.N.*, 19-25 1961).

4.

Ce qui caractérise essentiellement l'oeuvre d'art selon Simon c'est qu'elle n'affirme pas une signification unique et totalitaire. Car si l'oeuvre écrite existe en soi (et non pas avec une thèse et une intention préalablement définies), elle "sera automatiquement en rapport avec le monde" , c'est-à-dire avec la vie et son infinie richesse. On reconnaît donc une oeuvre d'art à ce fait que le sens n'y est pas fermé mais, comme le dit Barthes, "tremblé". (*Le Monde*, 8 mars 1967). L'ouverture del'œuvre est à l'image de l'ouverture du monde.

5.

"L'art ne peut être non plus une entreprise de récupération", car le temps, dans son déroulement, suit une ligne irréversible où ce qui est perdu l'est à jamais. En définitive, même si (ou du fait même que) Simon nie cette possibilité de récupération, l'Histoire revêt chez lui un caractère tragique : tragique de l'impuissance de l'Homme devant le temps et tragique qui touche la possibilité même de l'oeuvre d'art. Quand il affirme que "la *Recherche* de Proust ne l'a pas conduit à retrouver le temps, mais à produire un objet écrit qui a sa propre temporalité" (*Entretiens*, 1972), il ne fait, au fond, que souligner cette idée de l'oeuvre d'art qui se fait sur les "restes", les ruines de l'Histoire tout en s'interrogeant sur sa possibilité ou non.

6.

Le "but de l'art", pour Simon, c'est "donner à voir". (M.Alphant, *Libération,* 10 dec.1985). Pour comprendre ce "donner à voir", lire "débuts" et "réalisme" 2 ; lire également notre intoduction. Cette conception de l'*écrire-donner-à-voir*, ou encore de l'*écrire-voir*, suppose que dans le monde visible, il est un invisible qu'il faut saisir : un invisible qui constitue l'être du monde et de l'Homme.

7.

La question de la finalité de l'art en général et de la littérature en particulier subit en 1988 une mutation chez l'auteur. Il ne s'agit plus de nier toute finalité à l'art et à la littérature, mais de réfléchir sur cette question sous la forme d'un paradoxe qu'il formule ainsi: "c'est seulement parce qu'il ne se préoccupe pas de "finalité" sociale qu'il a justement une fonction sociale efficace". Peut-être que Simon fait allusion ici à cette "idéologie dominante" qui détermine les formes de l'art à l'insu des artistes (voir *idéologie). (M.Alphant, *Libération*, 6 janv. 1988).

Corrélats: roman, poésie, philosophie, plastique, forme et (de la) vérité, subjectivité partielle, sens du monde, témoignage

Artifice, artificiel

Pour désigner la nature de son travail, Simon recourt à la définition que le dictionnaire donne de l'adjectif "artificiel": "Le dictionnaire, dit-il, donne de ce [...] mot la définition suivante: "fait avec art", et encore: 'Qui est le produit de l'activité humaine et non celui de la nature', définition si pertinente que l'on pourrait s'en contenter si, paradoxalement, les connotations qui s'y rapportent, communément chargées d'un sens péjoratif, ne se révélaient à l'examen elles aussi des plus instructives -car si, comme l'ajoute le dictionnaire, "artificiel" se dit aussi de quelque chose de "factice, fabriqué, faux, imité, inventé, postiche", il vient tout de suite à l'esprit que l'art, invention par excellence, factice aussi (du latin facere, "faire") et donc fabriqué (mot auquel il conviendrait de restituer toute sa noblesse), est par excellence imitation (ce qui postule bien évidemment le faux)" (Claude Simon, *Discours de Stockholm*, 1986). L'art est *fabrication, *bricolage. Il est de l'ordre du faire et non pas inspiration. Celle-ci n'existe tout simplement pas. Ce qui fait exister le livre, c'est le travail permanent de la matière langagière; travail dans les deux sens : l'écrivain "travaille" sa langue, mais il est également "travaillé" par elle.

Corrélats: fabrication, bricolage, inspiration, travail

Artisan, artisanale (manière)
Voir : Bricolage, Tâtonnement, Fabrication, Inspiration

Art moderne
Dans un essai de définition de quelques fondements de l'art moderne, Simon souligne l'importance de l'art primitif : "l'art nègre ou d'Océanie, ou autres, [...] ont eu une si grande influence sur l'art (et donc de la pensée) occidentale au XXème siècle, et déjà à la fin du XIXème siècle: les estampes japonaises: Degas, Van Gogh, Bonnard" Et il ajoute plus loin que la formation de notre siècle doit "aussi bien [à] Proust qu' [à] ce masque baoulé [...] dont sont sortis tous les faunes de Picasso." (M.Alphant, *Libération*, 6 janv. 1988). Par cette affiliation, Simon souligne non seulement la continuité historique et les ressourcements interculturels, mais aussi les correspondances entre les différents domaines de l'art. L'art est une totalité indivise.

Corrélats: roman, poésie, philosophie, plastique

Associations et (des) propriétés
1.
L'association (de mots, de sens) est l'un des mécanismes multiples qui organisent le texte simonien. L'auteur essaie d'explorer les propriétés morphophoniques et sémantiques des mots. Pour lui, cette démarche relève d'une certaine mathématique scripturale: "vous vous souvenez,

dit-il à J.-P Goux et A.Poirson, du terme qui revient tout le temps en géométrie euclidienne: "considérons (telle ou telle figure) et cherchons ses propriétés". Voilà. Et "propriétés", pour moi, cela veut dire quelles autres images telle image initiale a-t-elle, par le travail de la langue (associations, oppositions), la propriété d'attirer et de grouper autour d'elle?" (*La Nouvelle Critique*, 1977).

2.

L'association est un processus ou un procédé qui concerne, chez Simon, essentiellement les qualités des éléments associés. L'emprunt d'une terminologie mathématique s'explique: la théorie des ensembles rejoint sa conception de l'écriture comme mise en rapport qualitative. Si dans cette théorie l'intersection des ensembles A et B "se fait en fonction des qualités communes de certains de leurs éléments [...] ne pourrait-on pas chercher, dans la fiction, à non plus aligner une succession d'éléments, mais à réunir des ensembles où les éléments se combinent en fonction de leurs qualités?" (*N.R.H.A.*, t.2, 1972). La combinatoire qualitative ouvre la voie à des possibles fictionnels inattendus et fait échapper l'écriture aux principes statiques de la causalité et de la vraisemblance.

Corrélats: mémoire, mathématique, travail de l'écrivain, mot, réflexivité

Autobiographie

Simon souligne souvent qu'il ne sait parler que de lui-même et que plusieurs des choses racontées dans ses romans relèvent de son vécu. Mais cela veut-il pour autant dire que ses romans sont autobiographiques? Nullement. Car entre le vécu et sa translation langagière, il y a un certain nombre de médiations qui transforment ce vécu en écrit: c'est-à-dire en une forme esthétique qui obéit à ses propres lois. Au moment de l'écriture, seul un problème est présent : le souci de la forme équilibrée. La recherche esthétique minimise la représentation. Ce qui est représenté c'est l'oeuvre elle-même dans sa matérialité et dans son esthéticité. Simon invoque souvent Proust à ce propos: "Il se trouve, dit-il, que j'ai eu une vie assez mouvementée: j'ai vu de très près la révolution, j'ai fait la guerre aux premières loges [...], j'ai été prisonnier, j'ai travaillé à construire un égout, je me suis évadé, j'ai été très gravement malade, cloué sur un lit pendant des mois, j'ai voyagé aux quatre coins du monde...Bon. Et après?... Proust, lui, a traîné une lamentable existence d'asthmatique et de mondain... Et pourtant, il a probablement accompli l'oeuvre la plus révolutionnaire du vingtième siècle, sinon peut-être de toute l'histoire de la littérature, en ce sens qu'il a littéralement fait basculer sens dessus dessous le récit fictionnel, de sorte qu'il est, au sens propre du terme, l'un des rares écrivains authentiquement sub-versifs ". (*La Nouvelle Critique*, 1977). La subversion est ici une mise en cause des formes romanesques établies. L'autobiographie, proprement dite, n'aurait pas permis un tel basculement esthétique. Plus tard, il précisera: "Mes livres ne sont pas écrits dans ce dessein; je n'ai pas le projet d'écrire ma vie? Ceci dit, qu'est-ce que je peux écrire en dehors de ce que j'ai connu, senti, subi, imaginé? *Même l'imaginaire est autobiographique.*" (J.van Apeldoorn, C.Grivel, 1979; A.Poirson, *Révolution*, 22 janv. 1982). Simon part ici d'un principe phénoménologique de base: toute noèse est indissociable du sujet qui l'accomplit parce que liée à un corps et à une conscience interrogeante. Plus tard encore, au mot autobiographie, Simon préférera la formule "écrit à base de vécu": "plutôt qu'autobiographique, dit-il, je préfère dire que mes livres sont à base de vécu"; une conception qui souligne "les déformations que porte en elle la mémoire et qu'apporte encore l'écriture." (M.Alphant, *Libération*, 31 août 1989). Aussi, reprenant quelques uns de ses romans, l'auteur souligne la part de vécu qu'ils contiennent et la période qui leur est relative: "A partir de *L'Herbe*, dit-il, mes livres sont tous à base de vécu, expression que je préfère à "autobiographie". Dans *L'Herbe*, je "raconte" la mort d'une vielle tante que j'aimais beaucoup. Dans *La Route des Flandres,* c'est la dernière guerre. *Le Palace*, ce sont les scènes que je garde de Barcelone au début de la révolution. Pour *L'Acacia*, j'ai rassemblé des images, des souvenirs- le plus souvent visuels- concernant ma mère, j'ai aussi consigné tout ce qui m'a été rapporté par des témoins sur mon père, tué en 1914 sur la Meuse. J'ai également raconté ce voyage avec ma mère en 1919, dans des paysages dévastés autour de Verdun, pour essayer de retrouver la tombe de mon père. J'avais 6 ans. Ca a été un de mes premiers, et mon plus sinistre souvenir d'enfance." (A.Clavel, *L'événement du jeudi*, 31 août-6 sept. 1989); voir aussi: (A.Armel, *Magazine Littéraire*, mars 1990)

Corrélats: narrateur /personnage / écrivain; représentation, Proust, subjectivité partielle

Autodidacte

Claude Simon le répète souvent: il n'a "que le bachot". Sa connaissance de la littérature, des arts, des sciences humaines, il la doit à sa personne: "Ma culture, dit-il, est pratiquement celle d'un autodidacte. J'ai découvert le surréalisme avec *Le Minotaure*, dans une librairie de Montparnasse, Kafka chez un bouquiniste sur les quais, Faulkner comme ça. Je suis presque inculte; j'ai le bachot, c'est tout. Mon tuteur m'emmenait le dimanche au Louvre, et dans ma famille maternelle on faisait beaucoup de musique. Ce sont les seules bases culturelles que j'avais reçues. Le reste je l'est découvert par moi-même au cours de cette espèce de vie de dilettante et de paresse." (M.Alphant, *Libération*, 31 août 1989).

Aventure de l'écriture (l')

Très souvent, les analyses de Simon portant sur la littérature et son évolution font appel à des comparaisons avec la peinture. Cela s'explique : la peinture reste pour l'auteur un idéal à atteindre et, sur un certain nombre d'aspects, un modèle à suivre (voir ic *peinture, *plastique). Parmi ces aspects : la dimension réflexive de l'écriture et de la peinture : "En fait, dit Simon, ce que l'écriture nous narre, ce sont sa propre aventure et ses sortilèges" (*Entretiens*, 1972). Cette petite phrase souligne un déplacement de l'attention de l'écrivain et du lecteur, car "à partir du moment où l'écrivain (ou le peintre) n'entreprend plus de (ou ne prétend plus) copier, en comblant les vides, une totalité (que d'ailleurs il ne perçoit pas), il devient évident que toute son attention, tout son travail vont porter sur la réalité que constitue l'objet qu'il est en train de produire [...]. Dès lors, le peintre va être à l'écoute de la peinture et l'écrivain à celle de la langue, et la continuité du dessin (partout cassée ou interrompu), comme dans un roman la continuité de l'histoire racontée (diégèse), va céder la place à une continuité et à une totalité d'une tout autre nature". Cependant, le "roman ne cesse pas pour autant d'être le récit d'une ou plusieurs aventures, mais il apparaît maintenant qu'il est aussi, en même temps, l'aventure d'un récit" (A.Poirson, *Révolution*, 22 janv. 1982; lire aussi: Claude Simon, *Discours de Stockholm*, 1986. Idée que Ricardou a résumée dans sa célèbre formule : le roman est autant l'écriture d'une aventure que l'aventure d'une écriture.

Corrélats: langage/langue, logique engendrante, réflexivité, contraintes productives.

B

Bacon, F.

L'impact de Francis Bacon sur l'écriture de Claude Simon et sur ses conceptions de l'art a été déterminant au point d'expliquer certains aspects de sa poétique. En témoigne cet éclaircissement de l'auteur sur la genèse de *Triptyque*. "Au départ, dit-il, j'avais seulement en tête deux séries (celle de la campagne et celle de la banlieue industrielle). Là-dessus, à l'automne 1971, a eu lieu à Paris la grande rétrospective de Francis Bacon dont non seulement la peinture m'a fortement impressionné, mais dont certaines oeuvres avaient pour titre *Triptyque*, titre et principe que j'ai trouvés en eux-mêmes tellement excitants que j'ai décidé d'adjoindre à mes deux premières séries une troisième, celle de la station balnéaire, inspirée d'ailleurs elle-même par les toiles de Bacon". (*Claude Simon*, colloque Cerisy, 1975). Parmi les aspects qui intéressent Simon, il en est deux qui correspondent tout à fait au tragique simonien: l'angoisse et les structures qui la supportent: "ce qu'il y a de fascinant chez lui, dit-il, c'est l'angoisse qui sort de toutes ces ...histoires" Et il ajoute:

"Bacon réussit cet équilibre: faire justement en sorte que l'histoire ne déborde pas la peinture et que la peinture ne déborde pas l'histoire" En d'autres termes, l'angoisse baconienne comme le tragique simonien ne sont pas le fruit d'un traitement de thèmes "angoissants" ou "tragiques", mais le produit de structures textuelles bien précises; pour ne donner que quelques exemples à propos de Simon: l'amalgame pronominal, la répétition de la "même" histoire à des époques différentes, l'indétermination des voix, etc. participent de ce tragique structurel. En somme, le principe de cette écriture est d'éliminer "ce qui parle plus fort que la matière" (langagière, ou picturale, s'entend). (J.van Apeldoorn, C.Grivel, 1979), (voir aussi:L.Dällenbach, *Claude Simon*, 1988).

Corrélats: plastique, peinture, Van Gogh

Barcelone

"Barcelone aux mains des anarchistes! Quel événement ça a été pour moi!" s'écrie Simon (*L'Express*, 5 avril 1962). Barcelone est une ville-événement dans le roman simonien dans la mesure où elle traverse presque tous les récits de l'auteur et dans la mesure où son imaginaire s'associe à une thématique précise qui situe le tragique humain dans un espace où la nature apparaît le moins: l'espace urbain. Cette thématique est la suivante: la guerre, l'écriture et l'amour. Bien entendu un tel engouement de l'auteur pour cette ville puise sa force dans un vécu fort que l'écrivain ne cesse de souligner. Barcelone est également une ville-événement dans le sens où les événements proprement dits sont très rares: on y assiste à une sorte de négation de l'événementiel, du narratif au profit du descriptif.

Baroquisme

Parlant de la période qui précède *Leçon de choses*, (1975) Simon la qualifie de "baroque": "il y avait, dit-il, dans mes anciens textes, un certain baroquisme, un certain effet de luxuriance donné par la phrase longue, les incidentes, les parenthèses, etc." (*La Nouvelle Critique*,

1977). Le baroquisme est ici "luxuriance" formelle, un rythme toujours proliférant.

Corrélats: périodisation

Bricolage

Simon associe son travail d'écriture à un pur bricolage, c'est-à-dire à une pratique concrète qui consiste en un assemblage industrieux et créatif d'éléments langagiers donnés et peut-être improvisés. C'est dire que la part du hasard (c'est-à-dire, dans le langage simonien, créativité réflexive et spontanée du langage) est importante dans les trouvailles de l'auteur. Le bricolage simonien est une sorte de collage langagier dont l'effet n'est pas (tout du moins au départ) calculé. "Je travaille, dit-il, d'une façon tout à fait artisanale, et ce que je trouve, c'est empiriquement". Ecriture empirique donc non pas au sens d'expérimentale mais matérielle, accordant une attention particulière aussi bien à ce qui se fait dans le texte qu'à ce que l'écrivain veut faire. (*Claude Simon*, colloque Cerisy, 1975; *La Nouvelle Critique*, 1977; J.van Apeldoorn, C.Grivel, 1979; M.Alphant, *Libération*, 10 déc.1985)

Corrélats: "tâtonnement", travail, association de propriétés

C

Cézanne, P.
Voir : Décentrement, Fragmentation

Chose même (la)
Voir : Roman phénoménologique, Sensorialité

Chronologie
Voir : Sens du monde, Représentation, Temporalité / temps

Cinéma
1.

Les techniques cinématographiques servent l'écriture simonienne à des fins diverses, notamment : la contestation du récit par lui-même et la focalisation des détails. Concernant ces aspects, Simon commente la séquence campagnarde de *Triptyque* et explique sa stratégie d'élaboration du texte de la manière suivante: "[cette séquence] est explicitement dénoncée comme texte, au moins de deux façons: d'une part elle est fréquemment présentée comme étant un film [...] et, d'autre part, à la fin, c'est le puzzle qui est détruit. J'oubliais encore: alors que l'on assiste à l'étreinte du couple, l'image s'immobilise soudain et la pellicule prend feu. De plus, dès les toutes premières pages du roman, se trouve une description des lieux où il est dit qu'à partir d'un certain endroit (le haut de la cascade) l'on ne peut pas voir nettement à la fois le clocher et les ombrelles qui se trouvent au premier plan, c'est-à-dire que lorsque l'image du clocher est nette, celle des ombrelles est floue, et inversement, ce qui annonce très explicitement que ces images résultent du réglage de la lentille d'un objectif". Les techniques d'écriture miment ici les techniques cinématographiques à des fins esthétiques déterminées. (*Claude Simon*, colloque Cerisy, 1975).

2.

Par ailleurs, le goût de l'auteur pour les détails se manifeste dans son utilisation de la technique cinématographique du gros plan: dans ses descriptions, on part d'un détail pour passer à une vision plus large avant de revenir au détail pris en gros plan. Il s'agit, pour l'auteur, de "condenser sur un champ restreint l'attention qui était éparpillée sur un espace plus vaste." (Eribon, D., *Libération*, 29 août 1981).

Collage

Le collage est une technique de composition plastique dont Simon fait un usage systématique dans ses romans. Parti d'une technique qu'il utilisait dans ses travaux picturaux, l'auteur la transpose dans la confection de ses textes. Répondant à une question de L. Janvier à ce propos, il souligne le fait suivant: "puisque vous me parlez de mes collages (pour lesquels je me sers d'éléments préfabriqués: des personnages, des animaux, des fleurs, etc. découpés dans des magazines ou des reproductions de tableaux), j'ai appris en les faisant, plusieurs petites choses qui, je crois, sont aussi valables pour mes romans, et surtout celle-ci: c'est que si un élément (disons par exemple, un cheval noir) commande ou attire auprès de lui d'autres éléments à la fois par ce que l'on pourrait appeler la morphologie du signe en soi (noir) et par son signifié (cheval), il faut toujours sacrifier le signifié aux nécessités plastiques, ou, si l'on préfère, formelles, c'est-à-dire qu'avant tout autre considération il faut que le noir (et l'arabesque du dessin) s'accorde (harmonie ou dissonance) avec la ou les couleurs (et les arabesques) des éléments avec lesquels il va voisiner sans se demander ce que peut (par exemple) bien faire un cheval dans une chambre à coucher ou encore à côté d'un pope en chasuble plutôt que galopant au bord de la mer ou dans une prairie. Bien sûr dans le roman, à la différence des collages, on ne doit jouer qu'avec un nombre limité de thèmes [...]. Mais la leçon, à mon avis d'une importance primordiale, c'est que si, sans se préoccuper de leurs signifiés, on réussit à établir entre deux signifiants un rapport formel "parlant", il se produit alors un phénomène qui semble tenir du prodige: à savoir que va apparaître de surcroît (en "prime", pourrait-on dire) une ouverture signifiante, un sens ambigu, incertain, "tremblé" comme dirait Barthes, non explicité, mais souvent plus riche et générateur (ou chargé) de vibrations que celui que l'on aurait pu établir entre deux éléments choisis seulement en fonction de leurs signifiés (cheval-plage ou cheval-prairie) et dont la manipulation a montré, en dépit du rapport apparent de ces derniers, l'incompatibilité formelle." (*Entretiens*, 1972). En somme, la technique du collage permet, dans la mise en contact des morphologies sémantiquement distantes, une forme de créativité spontanée mais calculée. Le monde se découvre ainsi dans ce qu'il a d'inattendu et d'imprévisible.

Corrélats: fabrication, peinture, plastique, travail, travail de l'écrivain, tâtonnement

Commencement et amorce

Le commencement du travail d'écriture correspond, chez Simon, à un état "d'excitation: il n'y a rien et il va se produire "quelque chose""" dit-il. Simon ne connaît pas la légendaire peur de la page blanche. Bien entendu, il y a toujours ce "magma informe" qui essaie de prendre forme dans la conscience de l'écrivain par la recherche d'un *tempo* adéquat. Puis la première phrase arrive: c'est l'amorce, "Et il faudrait plutôt parler de "première page" qui peut être tout entière remplie par une seule phrase à longue cadence aussi bien que par une suite de petites phrases en staccato". C'est dire que dès le commencement, le rythme, le ton, le tempo, interviennent. Simon parle de "rythme porteur". L'écriture est en cours avant même son début par le rythme mental qui structure les images emmêlées dans sa conscience. Pour reprendre une métaphore de L.Dällenbach, l'écrivain (comme d'ailleurs le lecteur) prend en quelque sorte le "train en marche". Quant à Simon, et pour qualifier ce moment de venue de l'écriture et cet état qui la précède, il préfère les mots "amorcer" et "déclencher": "on tire sur le bout d'un fil qui sort d'un embrouillamini, et puis on va voir ce qui viendra..., ça serpente, ça ramène des noeuds" (L.Dällenbach, *Claude Simon*, 1988). L'écriture renferme une dimension ludique fondée sur le hasard.

Corrélats: magma d'images musicales, magma musical d'images, tempo, musicalité

Comment était-ce?

Il s'agit là d'une question qui revient dans tous les romans de Claude Simon et que les différents narrateurs simoniens se posent lorsqu'ils essaient de reconstituer un fait, un vécu. Elle correspond à un sentiment tragique qui se saisit d'eux et des personnages en général. Tragique non pas de l'amnésie mais de l'impossibilité même de toute connaissance de soi, de l'autre et du monde: "Mais comment était-ce, comment est-ce, comment savoir? s'interroge l'auteur, et même dans cet instant où je ne suis pas fatigué, où mes facultés de perception et d'observation sont à peu près normales: je vous regarde, je vous écoute, mais comment êtes-vous 'objectivement', qu'est-ce que je perçois, qu'est-ce que j'enregistre, comment est-ce au juste, qu'est-ce qui m'échappe. Quel est celui qui peut prétendre voir les choses 'telles qu'elles sont'?." Ce type d'interrogation rejoint, en fait, le questionnement sur la vérité du vécu et de l'écrit. La relativité qui sous-tend le "comment était-ce?" rend problématique la possibilité même de l'oeuvre artistique; ou plutôt, l'oeuvre artistique ne doit exister que comme questionnement sur sa possibilité même. Elle doit thématiser la problématicité de son existence comme art. En somme, si l'écriture simonienne est le lieu de questionnement de soi, de l'autre et du monde, elle est corrélativement, interrogation permanente sur les conditions de possibilité de l'oeuvre d'art. (J.van Apeldoorn, C.Grivel, 1979; Eribon, D., *Libération*, 29 août 1981; M.Alphant, *Libération*, 10 déc.1985). Par ailleurs, à la question posée par André Clavel: "Quelle est la phrase que vous aimeriez qu'on retienne de vous?", Simon répond: "Peut-être celle qui vient à la fin de *La Route des Flandres*: "Comment était-ce? Comment savoir?" Cela ressemble au "Que sais-je?" de Montaigne. Une interrogation, donc...On pourrait la mettre en exergue à tous mes livres. C'est en partie pour répondre à cette question que j'écris." (A.Clavel, *L'Evénement du jeudi*, 31août-6 sept. 1989).

Corrélats: questionnement (l'écriture comme), écrire

Conduction
Par ce terme, nous voulons conceptualiser un double aspect de l'écriture simonienne qui lui donne un caractère spécifique: celui de la dynamique interne du langage et celui du travail qu'effectue non pas l'écrivain sur sa langue, mais, bien au contraire, celui que réalise la langue sur/dans l'écrivain. Concernant le premier aspect, Simon ne cesse de souligner ce "mystérieux travail qui se fait presque à l'insu de l'écrivain, [et] cette dynamique du langage, des mots qui en entraîne d'autres." (*Les Nouvelles Littéraires*, 3 mai 1962). Concernant le deuxième aspect qui lui est étroitement lié, l'auteur dit que "Celui qui travaille la langue est en même temps travaillé par elle". Si la langue est un

organisme vivant, agissant pendant l'acte d'écriture, "nous sommes pour le moins autant conduits par notre langage que nous le conduisons" (*Entretiens*, 1972), (*La Nouvelle Critique*, 1977).

Corrélats: contraintes productives, intentionnalité, langage/langue, logique engendrante, réflexivité, association de propriétés

Connaissance
Voir : Roman

Conscience
1.
Ce concept a, chez Simon, plusieurs acceptions. La première est celle de "prise de conscience". Parlant de sa participation à la guerre d'Espagne, il rejette tout souci de faire oeuvre historique. *Le Palace* "n'est pas un livre sur la révolution espagnole. C'est un livre sur "ma" révolution" (*L'Express*, 5 avril, 1962). Interrogé sur une certaine conscience politique, il réplique: "Je ne vois pas de conscience en dehors de l'écriture. Dans la mesure où j'écris j'accède à une certaine conscience" (T. de Saint-Phalle, *Le Figaro littéraire*, 6 avril 1967).
2.
Conscience a également dans ses discours un sens phénoménologique qui se confond parfois avec mémoire (voir, à ce propos: *mémoire et *roman phénoménologique).

Corrélats: mémoire, roman phénoménologique, conscience confuse.., engagement
Conscience confuse et ordre qualitatif
Plus que l'observation de la mémoire, c'est l'exploration de ce que Simon appelle "conscience confuse", que traduit, formellement et thématiquement, l'écriture simonienne. Une conscience faite de perceptions, de sensations, d'idées plus ou moins stables, d'images (mnésiques et fantasmagoriques) de pages lues et oubliées

puis relues puis instantanément recouvertes. Tous ces contenus qui se combinent dans le doute et l'incertitude traduisent cette conscience confuse. Néanmoins, le désordre de la conscience chez Simon possède une logique qui puise sa cohérence dans le qualitatif: les associations, harmoniques, combinaisons reconstituent l'ordre du monde selon l'ordre langagier, car "le langage est perpétuelle référence à l'ensemble du monde", c'est-à-dire qu'une nouvelle temporalité, interne celle-là, préside, désormais à l'organisation du tout. Si le roman "ne peut avoir l'ambition de découvrir le réel, puisque le romancier, réduit à lui-même, n'a que ses faibles facultés psychiques et physiques, il lui est permis, au moins de présenter ces perceptions comme douteuses et contestables. Si je dis les choses comme je les sens, si je cherche à décrire cette conscience confuse, je renonce du même coup au temps des horloges et à la chronologie démonstrative des événements. Entre les faits s'établissent des rapprochements tout autres, un ordre qualitatif. Ce n'est pas une thèse qui donnera au roman sa signification, c'est une expérience et une constatation. Le roman se fait, je le fais, il me fait." (*L.F.*, 13-19 avril 1967). Autrement dit, les rapports qu'entretiennent les événements dans le temps linéaire importent moins que les rapports de nature et de qualité qui lient les mots les uns aux autres (A.Poirson, *Révolution*, 22 janv. 1982). Et ce sont ces rapports qui délient les nœuds de l'écriture de la mémoire confuse.

Corrélats: fragmentation, mémoire, architecture sensorielle, roman phénoménologique, langage, réflexivité, présent de l'écriture

Considération (optico-mentale)

Chez Simon, "considération" est l'équivalent de réflexion et de stratégie de production qui contrôle (garantit) l'unité d'une oeuvre: "Ce que j'entends par considération, dit-il, c'est, en cours de travail (c'est-à-dire en cours d'écriture), chaque fois qu'à chacun des mots-carrefours plusieurs perspectives, plusieurs "figures" se présentent, avoir toujours à l'esprit, pour le choix que l'on va faire, la figure initiale avec ses quatre ou cinq propriétés dérivées et ne jamais perdre celles-ci de vue, faute de quoi (faute de ce "point fixe" de la perspective occidentale qui, comme le dit Gaëton Picon, "exprime la volonté de maîtriser le plus grand nombre d'éléments rassemblés, d'en faire une ponctualité intemporelle") il n'y aurait pas livre, c'est-à-dire unité, et tout s'éparpillerait en une simple suite [...] Cette considération des propriétés d'une figure et de ses dérivées ou subordonnées constitue en somme une exploration du terrain autour d'un camp de base, d'un point de référence permanent". Le mot "considération" a donc ici un double sens de vue global et de fixation mentale d'un point donné autour duquel le récit fragmentaire s'organise mais sans en être le centre. (*N.R.H.A.*, t.2, 1972)

Corrélats: décentrement, association de propriétés

Contestation
Chez Simon le souci permanent de contester les ordres établis s'associe à une prise de conscience de la relativité de la connaissance et des productions humaines : "tout ce que je sais, dit-il, c'est que le monde bouge, qu'il se transforme sans cesse, que la vie est une sorte de perpétuel mouvement, de perpétuelle révolution, de perpétuelle déconstruction, que ce qui était vrai hier n'est plus vrai aujourd'hui, que peut-être même rien n'est vrai, et la seule chose valable dans ces conditions, me semble-t-il, c'est la perpétuelle contestation, la perpétuelle remise en question des structures et des formes admises ou établies, qu'elles soient artistiques ou sociales." (*L'Express*, 25 juil. 1963).

Contiguïté
Voir : Mémoire

Continuité
Si l'auteur est frappé par l'incompatibilité qui existe entre la discontinuité du monde perçu et la continuité de l'écriture, c'est cette incompatibilité qu'il va explorer à des fins esthétiques. En réfutant de bout en bout la continuité du

temps commun (et du roman dit conventionnel), il met à profit la contrainte que constitue la linéarité et la continuité scripturales. Seul impératif: les nécessités compositionnelles principalement qualitatives: "l'écriture, alors, et ses nécessités propres prennent de plus en plus d'importance". Et même quand "un ou plusieurs [...] éléments ou [...] événements thématiques peuvent [...] se trouver fragmentés, "oubliés" par moments (en fait ils ne le sont jamais, existant toujours en filigrane), puis repris, puis "oubliés" de nouveau [...], le texte, lui va présenter une bien plus grande continuité puisque ses articulations, ses charnières, sa progression, ne dépendront plus que des relations qualitatives entre les éléments qui le constituent. Et je dirais que ce que ce texte narre alors sans plus de faux semblants, c'est cette continuité même, la façon dont il se construit peu à peu, cette progression qu'il guide lui-même: [...] le sujet du roman, c'est cela." (*Entretiens*, 1972). La seule chronologie ou temporalité qui existe donc dans le texte, c'est celle de la succession des *événements verbaux:* les mots. Mais il en est une autre qui est indissociable du déroulement de l'acte d'écriture, c'est le présent de l'écriture qui est ce qu'on pourrait appeler un *présent conscientiel*, phénoménologique, mental.

Corrélats: discontinuité, association de propriétés, réflexivité, présent de l'écriture, roman phénoménologique

Contrainte productive
Voir : Logique engendrante, Continuité, Discontinuité

Créativité langagière
Il est une forme de créativité sur laquelle Simon insiste dans tous ses entretiens: la créativité que recèle le langage lui-même. Même si l'élément catalyseur de l'acte d'écriture est généralement un stimulus externe, réel (ce qu'il appelle "excitations physiques: poussière, chaleur, odeurs, vue de certains types d'hommes"), il y a une "dynamique du langage" qui fait que des "mots en entraînent d'autres" et qui est l'objet de ce "mystérieux travail qui se fait presque à

l'insu de l'écrivain". Celui-ci est plus conduit par le langage qu'il ne le conduit. (*N.L.*, 3 mai 1962).

Corrélats: langage, morphologie du signe, réflexivité, logique engendrante, association de propriétés, mot.

Crédibilité compositionnelle

Simon lie la réception d'une oeuvre artistique non pas à cette notion classique qu'on nommait "vraisemblable", mais à ce que nous pourrions appeler à la suite de sa "crédibilité picturale" , "crédibilité compositionnelle". En effet, si les éléments d'une oeuvre ne sont pas soumis à des impératifs compositionnels (d'accord, de symétrie ou dissymétrie, de consonance ou dissonance savante, de rythme, d'équilibre etc.), même si le représenté est crédible, il n'a aucune valeur esthétique. Par contre, un tableau "même représentant -ou plutôt présentant- des scènes ou des personnages incrédibles (*fantasmagories* de Bosch, *personnages à deux yeux dans un profil* de Picasso, *Pêche à la baleine* de Klee) aura, par la seule vertu de sa perfection picturale, une crédibilité, une présence. Et il se passe exactement la même chose pour un texte où les divers éléments doivent avant tout s'organiser, se succéder (puisque l'écriture est par essence linéaire) pour des raisons impérieuses de qualité " (*Entretiens,* 1972). Simon parle aussi de "crédibilité scripturale" (*N.R.H.A.*, t.2, 1972). Dans son *Discours de Stockholm*, il réaffirme la même idée en l'érigeant comme exigence, c'est-à-dire comme principe esthétique qu'il appellera "causalité intérieure": "il semble aujourd'hui légitime, dit-il, de revendiquer pour le roman (ou d'exiger de lui) une crédibilité, plus fiable que celle, toujours discutable, qu'on peut attribuer à une fiction, une crédibilité qui soit conférée au texte par la pertinence des rapports entre ses éléments, dont l'ordonnance, la succession et l'agencement ne relèveront plus d'une causalité extérieure au fait littéraire, comme la causalité d'ordre psycho-social qui est la règle dans le roman traditionnel dit réaliste, mais d'une causalité intérieure, en ce sens que tel événement, décrit et non plus rapporté, suivra ou précédera tel autre en raison de leurs seules qualités propres". (Claude Simon, *Discours de Stockholm*, 1986).

Corrélats: association de propriétés, réflexivité, conscience confuse et ordre qualitatif

Critique
1.

La critique, et plus particulièrement le langage et les procédures critiques, sont l'objet également de la réflexion simonienne. Comment faut-il approcher le texte littéraire? Par quels outils faut-il l'aborder? Par quel type de langage? La réponse de Claude Simon semble opter pour une sorte de lecture "itérative" qui consisterait à relire le texte-même, ses mots, ses phrases et ce, afin de ne pas le dénaturer. "Goethe, dit-il, je crois, a dit que si une oeuvre a été composée à l'aide de certains mots choisis et placés dans un certain ordre toute explication, toute glose, employant d'autres mots, d'autres phrases, ne peut qu'en dénaturer le sens et la portée" (*N.L.*, 3 mai 1962). La critique apparaît, en dernière analyse, comme une pratique de "dé-littérarisation" du texte littéraire.

2.

A partir du moment où Simon s'accorde avec les auteurs et les critiques du Nouveau Roman, il prend conscience des orientations (alors simplement soupçonnées) de son écriture. Celle-ci porte désormais en elle-même les traces de cette conscience. La fiction devient une écriture qui se lit, ou encore, pour citer la formule ricardolienne que l'auteur trouve percutante: l'écriture devient une "lecture-qui-écrit". Car, Simon sait toute l'importance que la critique (une certaine critique) "a prise et tout ce que certains travaux récents ont appris sur leur art aux écrivains de fictions" (*Entretiens*, 1972). En disant cela, il doit penser à l'impact que les travaux de *Ricardou ont eu sur une partie de son œuvre.

Corrélats: Ricardou, formalisme russe.

Cubisme
Voir : Fragmentation (2)

D

Débuts (d'un voyeur)
Les débuts de Simon éclairent un certain nombre
d'aspects de sa poétique dont principalement l'importance du
"voir" (de l'iconique, du regard comme acte de penser) et la
conception de l'écriture comme pur labeur: "J'étudiais la
peinture à l'atelier André Lhote. C'était assez vague. Plutôt
qu'une vocation, c'était la première tentative [...] Mais je
crois que je n'avais pas assez de dons. Par contre si on
s'acharne sur une page, on arrive toujours à quelque chose.
Je n'ai jamais été obligé de renoncer à un livre. Je pense
même qu'un livre est uniquement une question de travail [...]
J'avais écrit la première moitié de mon premier roman *Le
Tricheur* avant la guerre. Après m'être évadé, je suis venu à
Perpignan et je l'ai terminé. Puis j'ai mis ça dans un tiroir. A
l'époque, il y avait là Duffy qui aimait beaucoup ce que je
faisais. Un jour Lurçat est venu pour faire faire de la
tapisserie à Duffy qui lui a dit "Faites en faire à Claude
Simon". C'est par lui que je suis entré en contact avec
quelqu'un des éditions du Sagittaire. J'ai publié chez eux *Le
Tricheur* après la Libération. [...] Après ça, j'ai écrit un petit
livre de souvenirs, *La Corde raide*. Plus tard, Le Sagittaire a
fait faillite. Plus tard encore, j'ai fait une sorte de
tuberculose qui m'a cloué six mois dans un lit sans en
bouger [...] c'est l'expérience d'être couché, d'avoir pour tout
horizon, une fenêtre. On regarde alors les choses de façon
plus passionnée. On pense que peut-être on va mourir. *Ca
apprend à voir de façon différente.* J'aime les choses. Toute
ma vie j'ai été plus intéressé par le comment que par le
pourquoi. Pendant la guerre, c'est une des choses qui m'a
soutenu. [...] au lieu de gémir, *se dire "regarde". Ca aide.*"
(M.Alphant, *Libération,* 10 déc. 1985). On peut relever dans
ce discours, pratiquement tous les ingrédients qui

composent le "regard" simonien: la vision picturale (la chose réduite à un ensemble de couleurs et de traits), la vision phénoménologique (la chose même dans ce qu'elle a de concret et de multiple) la "vision voyeuse" (le monde saisi principalement comme images) et enfin, la vision interrogeante (le comment des choses plus que leur pourquoi). Toutes ces sortes de visions vont donc confluer, s'entremêler, se conditionner dans cet acte ultime et synthétique qu'est l'écriture. C'est ce que nous avons appelé dans notre Introduction l'*écrire-voir-penser*.

Corrélats: voir (le), regard, questionnement (l'écriture comme).

Décentrement

La problématique du centre (d'un récit, d'une histoire, d'un tableau) est l'une des questions à laquelle Simon a été souvent invité à réfléchir. Sa solution ne peut être séparée des problèmes de fragmentation, de valorisation (sélection) et d'hiérarchisation de l'objet ou de l'homme dans un texte (contexte). Si, en effet, l'on reproche au Nouveau Roman "une absence de l'homme au profit des objets", Simon objecte que "pour qu'il y ait objet il faut bien qu'il y ait sujet, et on ne voit pas très bien comment l'homme pourrait être absent d'un livre écrit par un homme". Dans cette optique, la peinture allemande (qui "accorde une attention aussi passionnée au destin d'une herbe, d'un caillou ou d'une hallebarde qu'à celui d'un corps en mouvement") a eu raison de la peinture italienne qui, elle, concentre l'attention (et la lumière) sur "un ou quelques personnages entourés de grands pans d'ombre". Pour Simon, la leçon de la peinture allemande (particulièrement Beughel) réside dans ce phénomène compositionnel que "l'attention est répartie de façon égale sur la totalité de la surface de la toile: ce n'est plus l'homme centre de l'univers mais l'homme faisant partie de (l'univers)". Ce décentrement et partant, ce nivellement planaire, l'auteur les puise aussi bien chez Pascal ("le centre est partout", cite-t-il) que chez Cézanne: "chez lui aussi, dit-il, l'attention du spectateur est sollicitée par toute la surface de la toile, et pas seulement quelques endroits ou objets privilégiés [...] Je crois qu'avec l'importance capitale reconnue au matériau, au médium, ce refus de valorisation sélective, ce refus de l'événementiel, sont parmi les principales caractéristiques de la modernité". Bref, le refus du narratif, le nivellement de l'homme et de l'objet, la prédominance du descriptif, la fragmentation du texte découlent directement de cette "philosophie" ou cette esthétique du décentrement. (*La Nouvelle Critique*, 1977).

Corrélats: planéité, peinture, Van Gogh,

Delvaux, Paul

Les tableaux de Delvaux forment quelques uns des substrats iconiques qui ont présidé à la composition de *Triptyque*. Celui-ci, dit Simon, "est sorti tout entier des tableaux de trois peintres: Francis Bacon, Jean Dubuffet et Paul Delvaux, chacun engendrant l'une des trois séries (ou "ensembles") qui composent le roman". (*La Nouvelle Critique*, 1977).

Corrélats: Bacon, Dubuffet, travail de l'écrivain, collage, Van Gogh, Deschamp

Duchamp, Marcel

C'est une véritable coïncidence qui unit Simon à Marcel Duchamp. Cette coïncidence, l'auteur la formule par une question à laquelle il répond en invoquant ce pionnier de l'art dit conteporain. "Est-ce qu'on ne rejoint pas "quelque chose" [...] qui se tient dans, disons, faute de mieux, l'"esprit du temps"?" Pour illustrer cette thèse, Simon cite l'exemple de cette toile de Duchamp qu'il n'avait jamais vue mais qui représentait exactement la même scène qu'il a lui-même écrite dans *Triptyque*: "une porte de grange où a été pratiqué un trou par lequel on peut voir, si l'on y colle son oeil, un paysage boisé [...], une cascade, et, à la lueur d'un réverbère, une femme couchée aux cuisses largement écartées, le sexe offert" (*Claude Simon*, colloque Cerisy, 1975). Bien entendu, Simon parle de l'installation restée secrète jusqu'à la mort de Duchamp en 1969 et exposée au Phidelphia Museum of Art ; elle porte le titre de

Etant donnés :1° la chure d'eau2° le gaz d'éclairage. Pour l'écrivain, cette coïncidence reste "une énigme"; pour nous, elle est simplement la preuve de l'existence de « schème d'idées et de sensations », c'est-à-dire d'une sorte de superstructure idéelle et imaginale qui a une matrice unie mais qui prend diverses formes de manifestation et que l'auteur appelle "esprit du temps".

Corrélats: intentionnalité, épistémè

Description

Dans le système littéraire simonien la description n'est pas un auxiliaire qui ralentirait l'action, mais l'action même. C'est pourquoi l'auteur, voulant pousser la voie ressentie par Tynianov (envisageant un système romanesque où le descriptif serait l'élément dominant et ordonnateur de la fiction), conçoit "une fiction générée uniquement à partir des descriptions". Et il ajoute: "C'est ce qui m'a semblé intéressant de faire avec *Triptyque*." (*Claude Simon*, colloque Cerisy, 1975, *La Nouvelle Critique*, 1977). Et c'est ce qu'il fera dans *Leçon de choses* " où de la description d'une pièce en ruine, sortent trois petites fictions qui s'entremêlent" (Eribon, D., *Libération*, 29 août 1981; lire aussi : Claude Simon, *Discours de Stockholm*, 1986).

Corrélats: Van Gogh, Dubuffet, représentation, réalisme, fable

Détail

Simon conçoit la relation détail / composition générale comme une dialectique où l'un ne peut exister sans l'autre. En effet, dans le processus de création, procéder par tâtonnement, écrire la fiction mot à mot n'est nullement incompatible avec le souci d'une composition générale dominant tous les détails, c'est-à-dire tous les développements locaux. Aussi, affirme-t-il, que "dans un tableau le dessin des moindres détails participe à la composition. 'Dessiner les contours des objets', a dit à peu près Cézanne, 'c'est dessiner en même temps les contours des vides qui séparent ces objets'. Ainsi la construction d'une phrase, sa cadence, sont aussi parties intégrantes de la composition... au même titre que la place de cette phrase dans l'ensemble du texte -et non seulement la place mais encore sa "morphologie": ce que je veux dire, c'est que, dans un texte convenablement composé, il n'y a pas de phrase qui dans ses moindres détails n'ait été écrite en fonction de l'ensemble." (S.Sykes, 1979, Lettre de l'auteur). Reprenant cette même comparaison avec la peinture, Simon réaffirme que "le dessin de l'intervalle entre une pomme et le bord de l'assiette chez Cézanne participe aussi de la composition générale: le moindre détail y participe". (*Claude Simon*, colloque Cerisy, 1975; J.van Apeldoorn, C.Grivel, 1979).

Corrélats: Van Gogh, Dubuffet, cinéma

Discontinuité

La discontinuité est l'un des aspects les plus caractéristiques de l'oeuvre simonienne mais aussi l'un des axes de sa réflexion, qu'il s'agisse de la discontinuité du temps de la narration ou de l'histoire, ou de la discontinuité du monde vécu ou du monde mental.

1.

La discontinuité est, pour Simon, inhérente au genre romanesque: "il n'est pas de roman, dit-il, pour si traditionnel et si "réaliste" qu'il se présente, où le temps ne subisse des accélérations, des ralentissements, des coupures, des compressions, ou encore ce que l'on appelle de "foudroyants raccourcis", c'est-à-dire qu'il est parfaitement discontinu..." (*N.R.H.A.*, t.2, 1972)

2.

L'autre aspect de la discontinuité qu'interroge Simon concerne le temps vécu et sa "transposition" scripturale: "J'ai été frappé, dit-il, par l'opposition, l'incompatibilité même, qu'il y a entre la discontinuité du monde perçu et la continuité de l'écriture" (*Entretiens*, 1972).

3.

Enfin, la discontinuité du monde mental et de ses contenus occupe sa réflexion et éclaire certains aspects de l'écriture simonienne. Lire *fragmentation à ce propos.

Corrélats: mémoire, tâtonnement, événement perçu, événement écrit, continuité, Flaubert,G.

Dubuffet, J.

La peinture de Dubuffet semble rencontrer l'écriture simonienne sur plusieurs points. En témoigne, la correspondance entretenue entre les deux artistes et publiée récemment par les éditions de L'Echoppe. L'un des aspects importants de cette rencontre, qui a été relevé et commenté par l'auteur lui-même, concerne la description et plus précisément la vision rapprochée: "A propos de *La Route des Flandres* , je vous dirais que j'ai été littéralement frappé de stupeur lorsque j'ai vu à Amsterdam, à l'occasion d'une grande exposition de l'oeuvre de Dubuffet, la série des peintures "Routes et chemins" qui offraient exactement l'équivalent pictural de ce que j'avais essayé de faire avec des mots en décrivant ce que voit Georges au-dessous de lui (quelques cailloux, de minuscules végétaux) lorsqu'il se retrouve à quatre pattes dans le chemin à l'issue de l'embuscade dans laquelle est tombé son escadron" (*Claude Simon*, colloque Cerisy, 1975). Cette équivalence picturale de l'écriture simonienne va par la suite conduire à une utilisation délibérée des travaux du peintre dans ses romans ultérieurs notamment dans *Triptyque*.

Corrélats: peinture, plastique, Van Gogh

Dufy, Raoul

Simon cite souvent cette phrase de Dufy lorsqu'il parle de son travail: "Il faut savoir abandonner le tableau que l'on voulait faire au profit de celui qui se fait". (*La Nouvelle Critique*, 1977). Il y a une *logique engendrante de la matière à laquelle Simon, à la suite de Novalis, se soumet entièrement.

Corrélats: réflexivité; logique engendrante; mathématique; artifice / artificiel; association et (des) propriétés; aventure de l'écriture; conduction; conscience confuse et ordre qualitatif; créativité langagière.

E

Ecrire

Par la citation des différentes définitions que l'auteur donne de la pratique d'écriture, nous voudrions tracer un parcours chronologique qui montre l'évolution de sa conception du travail d'écrivain.

1.

Ecrire, c'est connaître (1959)

"Ecrire, dit Simon, me semble être un nouveau moyen de connaissance, car cela consiste essentiellement à établir des rapports entre les choses". (*L.F.*, 12-18 mars 1959).

2.

Ecrire, c'est contester (1960)

"Ecrire (...) c'est contester les formes et les rapports déjà établis, reconnus, consacrés" (*L'Express*, 10 nov. 1960).

3.

Ecrire, c'est se découvrir (1967)

"Ecrire, c'est se découvrir. J'ai voulu dire l'histoire d'une sensibilité, des temps forts subis ou éprouvés par quelqu'un, qui marquent une mémoire, se réunissent et se rassemblent spontanément. Une histoire continue telle qu'on la décrit dans le roman traditionnel est artificiellement reconstituée; elle n'est ni perçue ni sentie". (T.de Saint-Phalle, *Le Figaro littéraire*, 6 avril 1967).

4.

Ecrire, c'est bricoler (1972)

"Et pour qualifier ce travail de l'écrivain [...], il existe un mot lui convenant admirablement. Il a été employé par Lévi-Strauss mais, je crois, avant lui déjà, par le Cercle de Prague; c'est celui de bricolage. Je ne connais pas, en effet de terme qui mette mieux en valeur le caractère tout à fait artisanal et empirique de ce labeur qui consiste à assembler et organiser, dans cette unité dont parle Baudelaire et où doivent se répondre en échos, toutes les composantes de ce vaste système qu'est un roman" (*N.R.H.A.*, t.2, 1972).

5.

Ecrire, c'est faire, trouver, communiquer (1972)

"En ce qui concerne mes rapports avec l'oeuvre pendant que je l'écris (ou l'écrivais), si l'on entend par là mes motivations, elles aussi ont naturellement beaucoup changé au cours de toutes ces années. En gros, si on les énumère en leur attribuant un ordre de priorité soit par exemple: 1) Ecrire par besoin de faire ; 2) Ecrire pour représenter; 3) Ecrire pour communiquer; 4) Ecrire pour trouver, découvrir, je dirais que, parti de l'ordre 1, 2, 3, 4, il y a trente ans, j'en suis peu à peu arrivé à l'ordre 1, 4, 3, le n°2 m'apparaissant de plus en plus douteux [...] J'ai lentement fini par me rendre compte [..] que l'écriture ne permettait pas de représenter ce que l'on appelle la réalité, mais au contraire de dire quelque chose qui entretient avec la "réalité" à peu près le même genre de rapport qu'une pomme figurée dans un tableau (c'est-à-dire constituée d'une infime couche de couleur étendue sur une toile) avec une pomme que l'on peut saisir et croquer" (*Entretiens*, 1972).

6.

"Ecrire, c'est à la fois découvrir et se découvrir" (*Entretiens*, 1972).

7.

Ecrire pour écrire (1975)

"Mon seul but en écrivant (et je crois que c'est celui de tout écrivain -il y a longtemps que Novalis l'a dit) a toujours été simplement d'écrire. Ecrire pour écrire, comme un peintre peint pour peindre: fabriquer un texte, ou plutôt un objet textuel qui réponde [...] à un certain "sentiment que je me fais de la chose écrite, et plus particulièrement du roman". Simon n'écrit pas pour "exorciser" des fantasmes ou pour défendre une thèse quelconque. Il écrit par une nécessité intérieure. (*Claude Simon*, colloque Cerisy, 1975).

8.

Ecrire, c'est penser (1975)

Ecrire est fondamentalement un acte de pensée qui s'accomplit dans et par l'écriture : il lui est consubstantiel: "Je suis incapable de la moindre "pensée" sans la plume à la main", dit Simon. (cité par G.Raillard dans *Claude Simon: analyse théorie*, colloque Cerisy, U.G.E., 1975, p.78). Il y a donc chez Simon un écrire-penser qui porte sur le quoi et le comment écrire, mais aussi sur le penser l'Etre du monde, de l'homme, du langage et de l'écriture.

9.

Ecrire, c'est dire le monde, interroger (1976)

Ecrire, c'est "dire le monde et les choses (ou plutôt UN monde et DES choses)"; écrire est "une mise en question". (*Le Figaro littéraire*, 3 avril 1976).

10.

Ecrire pour voir se produire un texte (1988)

"Si vous me demandez pourquoi j'écris, je pourrait également vous répondre que je suis curieux de voir ce que produira mon travail". (Tanase, *Médias*, 12 fév. 1988).

11.

Ecrire, c'est poser la question "Comment était-ce?" (1989)

"Comment était-ce? Comment savoir? [...] C'est en partie pour répondre à cette question que j'écris" dit Simon. Le monde vécu tout comme le monde remémoré ou imaginé ou écrit sont frappés d'incertitude. (A.Clavel, *L'Evénement du jeudi*, 31 août-6 sept. 1989).

12.

Ecrire, c'est donner à voir (1985)

Pour Simon, "la réalité, personne ne peut la dire. C'est un mythe. Ca supposerait qu'on dise tout, ce qui est bien évidemment impossible. Dans un livre d'anatomie, vous pouvez trouver la description détaillée et complète d'un os d'un tibia, par exemple, et c'est d'ailleurs assez fascinant. Mais cette description ne donne pas à voir. Or, c'est là le but de l'art" (M.Alphant, *Libération*,10 déc.1985). *L'art ne copie pas la réalité. Il donne à voir.* Le "voir" ici n'est pas la perception pure et simple de la surface de l'objet représenté, mais son essence telle qu'elle se constitue dans la conscience de l'homme avec ses connaissances, son vécu, sa mémoire, son imagination et les associations qui les suscite.

Corrélats: engagement, tâtonnement, bricolage, forme et (de la) verité.

Ecrivain travaillant (l')

Cette notion d' "écrivain travaillant" du philosophe Merleau-Ponty, est l'une des clés du processus de création simonien. Ce qui y est souligné, c'est le duratif du participe présent. Elle insiste sur le présent de l'écriture puisque c'est dans ce présent là que se décident les formes et les contenus du texte indépendamment des intentions et des projets de l'écrivain. Celui-ci pourrait, désormais être défini à la suite de Jean-Paul Goux et Alain Poirson comme "un homme traversé par le travail". Et pour mieux saisir la portée de cette formule, écoutons Simon raconter l'anecdote qui lui est relative: "A la sortie d'un cours au Collège de France qu'il avait consacré à mes romans, Merleau-Ponty à qui je disais: "Ce Claude Simon dont vous avez parlé: qu'est-ce qu'il doit être intelligent!..." m'a répondu: "oui! Mais ce n'est pas vous! C'est vous travaillant..." (*La Nouvelle Critique*, 1977). Formule heureuse qui résume cette idée-clé que "la langue travaille celui qui la travaille". Aussi, lire Simon ne doit nullement se référer à l'homme réel, mais à cette phase où la langue travaille en lui et à ce qu'il en découle: le texte. Lors d'une autre rencontre, Merleau-Ponty réitère à peu près la même réflexion: l'écrivain dont il essaie de saisir les démarches n'est pas cet homme réel qui porte une identité et un titre social, mais "ce personnage, dit-il, que vous suscitez en vous par le travail de la langue, celui que vous devenez à votre table et qui disparaît quand vous la quittez." (M.Alphant, *Libération*, 31 août, 1989).

Corrélats: langage, tâtonnement, présent de l'écriture

Engagement
1.

L'engagement pour Simon est un fait interne à la pratique scripturale. A ses yeux "un écrivain n'est véritablement "engagé" que si son travail participe à et de l'incessante transformation de la société dans laquelle il vit, c'est-à-dire si par sa façon d'écrire il s'inscrit dans la modernité. L'affirmation de Maïakovski qu'il "n'y a pas d'art révolutionnaire sans formes révolutionnaires" est et sera toujours valable. Et Butor vient utilement de rappeler ce que disait Proust de Flaubert, à savoir que ce dernier 'par l'usage entièrement nouveau et personnel qu'il a fait du passé défini, du passé indéfini, du participe présent, de certains pronoms et de certaines propositions, a renouvelé presque autant notre vision des choses que Kant avec ses catégories, les théories de la connaissance et de la Réalité du monde extérieur' " (*Claude Simon*, colloque Cerisy, 1975). Tout engagement, dans cette optique, est bouleversement des normes établies à l'intérieur d'un champ, en l'occurrence, le champ de l'écriture.

2.

L'écriture est une combinatoire presque mathématique. Par le jeu interne des rapports qui lient les éléments textuels les uns aux autres, la logique du monde sensible se dévoile à l'auteur (voir *réflexivité). Et "c'est à la recherche de ce jeu que l'on pourrait peut-être, dit l'auteur, concevoir un engagement de l'écriture, qui, chaque fois qu'elle change un tant soit peu le rapport que par son langage, contribue dans sa modeste mesure à changer celui-ci." (Claude Simon, *Discours de Stockholm*, 1986). Le seul engagement qui existe réellement est l'engagement dans / par les potentialités du langage.

3.

Ses romans "peuvent-ils transformer le réel?"

-"Non, répond Simon, je ne pense pas qu'un texte, que mes romans, puissent contribuer à le transformer. Mais, par contre, à transformer la connaissance que l'on en a" (*La Nouvelle Critique*, 1977). Par ailleurs, Simon lie la transformation du monde par l'art à la transformation des formes artistiques mêmes: "Il me semble, dit-il, que pour peu qu'un écrivain, un peintre ou un scientifique apporte quelque forme neuve, il participe, dans la mesure de ses moyens, à cette incessante transformation du monde." (Tanase, *Médias,* 12 fév. 1988).

Corrélats: réflexivité, langage

Epistémè

Nous faisons appel à ce concept foucaltien pour parler d'un aspect de la réflexion simonienne et qui concerne l'historicité de toute production artistique ou scientifique. Si Simon ne s'engage pas, dans/par son oeuvre pour défendre telle ou telle thèse, telle ou telle idéologie, il n'en reste pas moins qu'il oeuvre à l'intérieur d'une idéologie dominante (ou ce qu'on pourrait appeler "idéologie ambiante") qui le détermine malgré lui et historicise sa production. Ce sont les mêmes schèmes qui structurent les différents "savoirs" et les mêmes discours con-temporains. Simon en est complètement conscient: "je ne me sens pas tellement coupé, même si je suis loin de tout approuver, des discours qui [...] émergent de l'époque où j'écris. Ceux des formalistes russes, par exemple (car une "époque" ce n'est tout de même pas cinq ou dix ans...et d'ailleurs Chklovski et Jakobson sont toujours vivants), d'Harold Rosenberg, d'Umberto Eco, de Lévi-Strauss, de Genette, de Ricardou, de Barthes (ou du moins un certain Barthes) et, pour ce que j'en saisis, de Lacan dont je cite souvent la page où dans *Ecrits*, il montre, en dénombrant les connotations du mot rideau, que "le mot n'est pas seulement signe mais noeuds de significations" (ce que j'ai appelé, pour ma part, "carrefour du sens")" (*La Nouvelle Critique*, 1977). En un mot, l'écriture ne peut échapper aux schèmes de l'épistémè où elle se situe. En outre, chaque période de la science ou de l'art est porteuse de sa propre vérité que viendront contredire les périodes suivantes. Et à ce propos Simon fera appel à Merleau-Ponty pour qui "chaque étape de la science, même si la suivante semble la contredire, a eu et conserve "sa" vérité. On pourrait, ajoute-t-il, en dire autant de l'art" (*N.R.H.A.*, t.2, 1972). L'évolution de l'art et de la science est un processus de négations successives qui installent les épistémès les unes à la suites des autres. T.Kuhn parle de paradigmes.

Corrélats: idéologie, intertextualité

Esthétique des ruines

Dans une tentative de recherche des fondements de l'esthétique qui détermine son oeuvre, Simon rappelle un certain nombre de données importantes: "Si le surréalisme, dit-il, est né de la guerre de 1914, ce qui s'est passé après la dernière guerre est lié à Auschwitz. Il me semble qu'on l'oublie souvent quand on parle du "nouveau roman". Ce n'est pas pour rien que Nathalie Sarraute a écrit *L'Ere du soupçon*; Barthes, *Le Degré zéro de l'écriture*, que des artistes comme Tapiès ou Dubuffet sont partis des graffitis, du mur, ou que Louise Nevelson a fait des sculptures à partir des décombres. Toutes les idéologies s'étaient disqualifiées. L'humanisme, c'était fini. Sans doute était-ce ce que je ressentais confusément quand je faisais ces dessins très exacts: il n'y a plus de recours, essayons de revenir au primordial, à l'élémentaire, à la matière, aux choses. Exemple: Ponge." (M.Alphant, *Libération*, 31 août 1989). Si le dessin permettait, peut-être, de reconstituer ce qui s'était brisé dans les choses, le roman, lui, ne pouvait que traduire la brisure de l'Homme. Starobinski définit d'ailleurs l'oeuvre simonienne comme "la reconstitution d'un moi vivant à partir de ses ruines" (cité par A.Armel, *Magazine Littéraire*, mars 1990). Par sa fragmentation, et en se situant dans la conscience d'un homme qui tente de recoller les fragments de souvenirs, d'un écrivain qui essaie de retrouver l'impossible continuité, c'est à une esthétique des ruines que le roman se conforme désormais. Ce qu'il dit, après tout, s'est l'impossible recouvrement de la pureté originelle de l'Homme, l'impossible recouvrement de la mémoire (les événements sont trop inhumains, trop atroces), l'impossible écriture de l'Histoire (frappée désormais d'une "malédiction goguenarde"), et enfin l'impossible oeuvre artistique, construite uniquement sur les décombres, les ruines, les cadavres pourrissants des hommes. C'est dire que cette esthétique des ruines se double d'une vision tragique de l'Homme, de l'Histoire et de l'art qui la manifeste.

Corrélats: fragmentation

Evénement vécu / événement écrit

Entre l'événement vécu et l'événement écrit, il y a un ensemble de contraintes humaines, esthétiques et matérielles qui font que la réalité reste toujours une réalité construite et que la première et la dernière réalité que l'auteur affronte est la réalité langagière ou scripturale:

"Il me semble, dit l'auteur, que si l'on réfléchit à tout ce qui sépare et différencie l'objet ou l'événement "réel" de l'objet ou de l'événement écrit, du fait: 1) des imperfections de nos facultés de perception; 2) des imperfections de notre mémoire; 3) du choix, volontaire ou non, de certaines de ses caractéristiques aux dépens d'autres qui sont rejetées ou passées sous silence; 4) de la nature même de l'écriture qui se déroule dans une durée, est donc obligée de dire successivement ce qui, bien souvent, est perçu simultanément (d'où l'obligation encore de choisir un certain ordre, lui aussi fatalement arbitraire et subjectif); 5) des nécessités et contraintes formelles de l'écriture (syntaxe, composition, rythme, sons); 6) de la dynamique de celle-ci (nous sommes pour le moins autant conduits par notre langage que nous le conduisons)... eh bien, pour peu qu'on veuille se donner la peine de considérer cette effarante série de déformations, il devient alors bien évident que l'écriture ne peut prétendre [...] ni à redoubler l'histoire déjà vécue, ni à la "sauver", ni à lui "offrir un terme", mais à dire une histoire qui, encore une fois, n'entretient avec l'histoire "déjà vécue" que les très relatifs rapports de la pomme peinte avec la pomme "réelle"." (*Entretiens*, 1972).

    Corrélats: réalisme, sens du monde/ sens du texte

Expression *versus* production

Pour Simon, le roman n'est pas le lieu où l'auteur s'exprime ou développe ses thèses, mais le lieu de production de quelque chose "sous l'oeil " de l'écrivain. Ce travail "essentiellement basé sur une combinatoire, aboutit à la production (et non à l'expression) de sens pluriels dont aucun n'est explicité". (*Le Figaro Littéraire*, 3 avril 1976).

    Corrélats: bricolage, tâtonnement, travail, fabrication, travail de l'écrivain, sens institué/sens ..

F

Fable

Sous l'étiquette de "roman à fable" Simon range le roman conventionnel qui vise une "démonstration imagée" d'une morale et, partant, se construit selon les principes de causalité événementielle. Le parcours (des fabliaux médiévaux au roman réaliste -ou roman à thèse) est sans discontinuité. Selon l'auteur, "c'est cette tradition qui, en France, à travers les fabliaux du Moyen Age, les fabulistes et la comédie dite de moeurs ou de caractère du XVIIème siècle, puis le conte philosophique du XVIIIème, a abouti au roman prétendument "réaliste" du XIXème aspirant à une vertu didactique: "Vous et quelques belles âmes, belles comme la vôtre, écrivait Balzac, comprendront ma pensée en lisant *La maison Nucingen* à *César Birotteau*. Dans ce contraste, n'y a-t-il pas tout un enseignement social?"." (Claude Simon, *Discours de Stockholm*, 1986). Le roman simonien s'est construit contre la fable, contre la démonstration et contre tout enseignement, c'est-à-dire contre le sens institué. Le seul sens et la seule fable qu'il propose sont le sens et la fable de l'écriture dans son élaboration même.

Corrélats: réalisme, représentation, sens du monde sens du texte, aventure de l'écriture

Fabrication

1.

Simon envisage son travail d'écriture sous l'angle de la fabrication, du *bricolage, de l'artisanat: "mes romans sont, dit-il, je ne crains pas de le dire, très laborieusement fabriqués. Mais oui: leur fabrication me demande beaucoup de labeur!" (*La Nouvelle Critique*, 1977). D'emblée, les notions de "génie" et d' "inspiration" sont balayées. Car "l'action d'écrire consiste -du moins pour moi- à fabriquer quelque chose qui n'existe pas avant elle." (L.Dällenbach, *Claude Simon*, 1988). La fabrication est un jeu de mise en ordre qui obéit à des lois picturales, musicales, mathématiques: "Cela se fait en tâtonnant : savoir si on doit mettre ce morceau à droite, ou à gauche, ou après; chercher ce qui peut s'harmoniser, jouer, contraster, comme en peinture ou en musique: avec des lois d'assonance, de dissonances [...] Je rappelle toujours ce premier chapitre du programme de mathématiques supérieures, "Arrangements, permutations, combinaisons"; voilà" (M.Alphant, *Libération*, 31 août 1989).

2.

Simon va très loin dans cette conception de l'écriture: il rattache l'idée du faire scriptural au fait même d'être : "je fais -je produis- donc je suis", sans oublier bien entendu que l'étymologie grecque du verbe "faire" (poiesis) "est à l'origine du mot poème" (Claude Simon, *Discours de Stockholm*, 1986). La *poiesis* simonienne trouve ainsi sa légitimité dans les lois de cette matière qui en est le support.

Corrélats: bricolage; tâtonnement; génie; travail, inspiration; artifice / artificiel ; mathématique; logique engendrante.

Figures

Sous cette étiquette, nous voudrions faire un inventaire de certaines figures (géométriques, rhétoriques, ou autres) qui, selon Simon, représentent les structures compositionnelles de quelques uns de ses romans.

1.

Le trèfle (*La Route des Flandres*): Lire:*N.R.H.A.*, t.2, 1972, p.89.

2.

Coupes de terrain avec puits artésien (*La Route des Flandres*): Lire:*N.R.H.A.*, t.2, 1972, p.93.

3.

Enchâssements symétriques (*Le Palace*): Lire: *N.R.H.A.*, t.2, 1972, p.93.

4.

Sinusoïdes (*Histoire*): Lire: *N.R.H.A.*, t.2, 1972, p.94; A.Armel, *Magazine Littéraire,* mars 1990, p.98.

5.

Carrefours intersectifs mobiles (*Les Corps conducteurs*): Lire:*N.R.H.A.*, t.2, 1972, p.96.

6.

Rabattement de plans (*La Bataille de Pharsale*): Lire: S.Sykes, 1979, p.135.

7.

Lignes en fugue (*La Route des Flandres*): Lire: L.Dällenbach, *Claude Simon*, 1988,p.177.

Fin

Si le roman simonien ne se conforme pas aux règles de l'écriture romanesque conventionnelle (avec un début, un noeud et un dénouement), comment décider qu'un roman est fini? Pour l'auteur, cette décision est liée à la notion d'équilibre (musical, mathématique, pictural): "à un moment, dit-il, "ça" finit par se tenir à peu près debout, ça s'équilibre, les éléments s'y répartissent et s'y répondent à peu près convenablement, ça fait grosso modo, un tout..." (*La Nouvelle Critique*, 1977). Dix années plus tard, Simon, réitère la même idée: "aucune conclusion dans mes romans, dit-il, je veux dire aucun "dénouement" de nature plus ou moins socio-psychologique et qui puisse être interprété comme un aboutissement fatal ou logique d'une situation de départ et d'une suite d'événements qui en découleraient..." (L.Dällenbach, *Claude Simon*, 1988). C'est donc la logique interne et engendrante du langage qui décide des suites textuelles et de leur fin.

Corrélats: décentrement; magma d'images musicales...

Flaubert, G.

Pour Simon, Flaubert et Proust sont à l'origine du roman moderne. Cette modernité réside, à ses yeux, dans deux aspects essentiels: la simultanéité et la discontinuité. Après avoir cité ce passage de *Madame Bovary* où Emma, agonisante, "aperçut nettement par tableaux détachés, son père, Léon, le Cabinet Lheureux; leur chambre là-bas, un autre paysage, des figures inconnues", Simon commente: "comme vous le voyez, il introduit pour la première fois dans le roman les notions de simultanéité et de discontinuité [...]. On voit toutes les constructions qui vont se faire [...] vont obéir à toutes autres lois que le roman traditionnel où la seule règle -ou plutôt convention- était de faire se succéder, les uns après les autres, dans une durée, des événements dont le seul ordre de succession était celui dans lequel ils étaient censés s'être produits dans le temps des horloges". Pour ce qui le concerne, l'ordre qu'il introduit dans ses romans répond à deux sortes de lois: les affinités sensorielles, et là il suit la leçon proustienne des associations sensori-mnésiques, et les nécessités formelles de l'oeuvre, "car, dit-il, il y a une syntaxe des divers éléments qui composent une oeuvre aussi impérieuse que celle qui régit les divers éléments d'une phrase." (B.L.Knapp, 1969).

Corrélats: fragmentation, discontinuité, simultanéité, plastique, planéité

Fond/forme

Cette distinction est aberrante: "si par fiction vous entendez l'anecdote racontée ou encore ce que l'on appelle le "fond" et par facture ce que l'on appelle "forme", alors je ne vois aucune distinction". Il n'y a pas fond d'un côté, forme de l'autre, ou encore, fiction d'un côté et structure de l'autre, car le fond comme la forme, la fiction comme la structure sont "toujours et inextricablement, à la fois engendrés et engendrants". Le fond engendre la forme qui engendre le fond, la fiction engendre la structure qui engendre la fiction. (*Claude Simon,* colloque Cerisy, 1975). En d'autres termes, "il n' y a pas ce que l'on va dire, puis ce que l'on écrit: il n' y a rien avant le texte, je veux dire: il n'y a pas une sorte de texte "pensé" qui préexisterait au texte écrit, un sens préétabli" (J.van Apeldoorn, C.Grivel, 1979). C'est pendant l'écriture que le fond et la forme s'engendrent mutuellement en engendrant un texte. L'écriture de l'aventure est indissociable de l'aventure de l'écriture.

Formalisme russe

Si Simon reconnaît sa dette envers Proust, il souligne aussi la convergence de ses vues et des conclusions des formalistes russes: "les écrits des formalistes russes, dit-il, me paraissent fondamentaux. Toutefois ils n'ont pas d'influence sur moi: j'y ai simplement trouvé la confirmation des conclusions auxquelles j'étais arrivé par ma propre expérience d'écrivain." (A.Armel, *Magazine Littéraire*, mars 1990). Il cite ensuite quelques unes de leurs réflexions qui lui paraissent "incontournables": celles de C.Chklovski, de

R.Jakobson et de Tynianov. Ce qui l'intéresse chez le premier, c'est l'idée que le but de l'art "c'est de donner une sensation de l'objet comme vision et non pas comme reconnaissance" et la distinction qui lui est corrélative entre perception-reconnaissance et perception artistique. Il fait sienne aussi la réflexion de Jakobson sur l'évolution des modes de réception des formes artistiques et l'attitude de la critique conservatrice devant les formes nouvelles. Enfin, c'est l'évolution des systèmes littéraires et de la dialectique narration-description qui l'intéresse chez Tynianov. Celui-ci prévoyait déjà un système littéraire où la description deviendrait "un élément principal et dominant".

Corrélats: théorie/pratique, critique

Forme et (de la) vérité

Simon ne cesse de s'interroger sur la forme adéquate, c'est-à-dire une forme romanesque qui lui permette "d'exprimer avec le plus d'exactitude possible la minuscule parcelle de vérité que je crois avoir observée" (*L.F.*, 12-18 mars 1959; 19-25 janv. 1961). Le roman est donc une forme de connaissance de la vérité de l'Etre, mais une connaissance qui reste partielle, subjective. Et c'est la recherche "par tâtonnement" de la forme adéquate pour dire cette vérité qui nécessite le plus de travail de composition. En un mot, la forme du roman est conditionnée par la nature de la vérité que l'auteur veut communiquer, ou encore le roman a la forme de sa vérité. Ajoutons enfin que l'auteur procédera, dans sa recherche de la vérité des choses, comme un philosophe tentant de déceler l'essence des choses en vue de fonder une sorte d' "ontologie littéraire". Ce souci d'une vérité appréhendée directement par les sens conduit le romancier / le narrateur vers le doute et la contestation: doute en ses sens mêmes et contestation des formes classiques de l'écriture.

Corrélats: écrire, subjectivité partielle, roman, art, sensorialité, connaissance, comment était-ce?; roman phénoménologique.

Fragmentation

1.

Fragmentation mnésique: La fragmentation dans le roman simonien n'est pas un artifice qui voudrait imiter de façon creuse l'un des aspects qui fondent l'oeuvre dite moderne. La fragmentation de l'écriture chez lui est directement liée à l'objet principal de son investigation artistique, à savoir, la mémoire : "La mémoire, dit-il, ne nous restitue jamais que des fragments de notre passé" (*N.L.*, 29 déc.1960; *Le Monde*, 8 oct. 1960). Elle ne peut donc s'écrire que fragmentairement. Bien plus tard, il dira: "Nous avons tous affaire à une perception, une mémoire, qui nous transmettent du monde des aperçus fragmentaires" (L.Dällenbach, *Claude Simon*, 1988).

2.

Fragmentation perceptive: La fragmentation est également un aspect formel indissociablement lié au processus perceptif tel qu'il se déroule, c'est-à-dire avec sa discontinuité et ses lacunes: "notre perception, dit-il, est, du fait de l'imperfection de nos facultés, essentiellement fragmentaire. Nous n'appréhendons jamais un spectacle dans sa totalité. Soit que nous concentrons notre attention sur un détail (et alors tout le reste est aboli -ainsi Merleau-Ponty avait noté que lorsque nous regardons la lune, il n'existe plus qu'elle), soit que nous portons notre regard sur un ensemble dont nous ne saisissons plus alors que des fragments: quelques taches de couleurs, quelques vagues formes, quelques masses et quelques lignes (ce monde visible dont notre oeil ne nous transmet qu'une vision éclatée, c'est notre esprit qui le complète)." (A.Poirson, *Révolution*, 22 janv. 1982). *L'oeil* et *l'Esprit* (c'est même le titre de l'un des ouvrages du philosophe qui s'est intéressé, le premier, au romancier) entrent dans une relation dialectique qui constitue l'un des piliers de l'édifice phénoménologique de Simon.

3.

La fragmentation comme principe esthétique: Contre le roman traditionnel qui oeuvre selon un principe de causalité événementielle et dans lequel les trous narratifs n'ont pas leur place, Simon revendique ces mêmes trous, origine de la fragmentation: "Les trous, dit-il, il faut les laisser -car on les comblerait de façon artificielle par une espèce de remplissage sans intérêt." (B.L.Knapp, *K.R.Q*, 1969). Dans cet ordre, Simon fait un rapprochement entre la fragmentation dans le roman et le cubisme en peinture, aspect qui, selon lui, mérite étude et réflexion. (*Claude Simon*, colloque, 1975). Cependant, il faut distinguer, fragmentation et discontinuité de "cassures": "En ce qui concerne l'art moderne, dit-il, on pourrait parler de "cassures" de la forme, d'un certain éclatement. Mais continu et discontinu, fragment et totalité sont des questions terriblement complexes à analyser" (Eribon, D., *Libération*, 29 août 1981). C'est justement ce qu'il fait en 1982, lors d'un entretien avec A.Poirson. La littérature et la peinture ont longtemps maintenu l'illusion de la totalité, celle du pouvoir de tout dire. Or cette totalisation romanesque et picturale n'est que le résultat d'un travail de rationalisation qui gomme les trous de la toile ou du récit. La logique causaliste tissait un réseau de relations où les parties se tiennent l'une l'autre en cachant les traces du travail qui leur a donné jour. Puis vient la rupture, d'abord en peinture: "je crois, dit Simon, que l'on peut dater la rupture décisive de Cézanne qui, le premier, dans certaines toiles ou aquarelles, s'est borné à indiquer sommairement, les grandes lignes (mouvements, rythmes) de la composition et de poser ici et là , sur les "points forts", quelques taches entre lesquels le spectateur est invité à saisir des rapports en sautant directement des unes aux autres seulement séparées par la surface vierge de la toile". Les cubistes en sont venus par la suite à "élaborer des ensembles presque monochromes (remplaçant les gris-bleus modulés de Cézanne par des tons terreux) et pour ainsi dire symphoniques [...] composés principalement d'horizontales et d'obliques s'architecturant sur un fond neutre sans jamais reproduire les contours entiers des objets". Les cubistes ont par la suite intégré la couleur, introduit des fragments d'objets (morceaux de journaux, bandeaux de papiers peints, faux bois des décorateurs, etc.), supprimé le fond neutre et "accolé les uns aux autres sans solution de continuité et en faisant parfois même se chevaucher ces divers fragments éclatés [...] Il s'agissait, pour ces peintres, de "restituer la vision subjective et fragmentaire qu'en fait nous avons des choses". Le roman a dû attendre cinquante ou soixante années pour connaître la même évolution; un roman où l'appréhension du monde se fait "à la lumière de ses fragments qui s'imposent chaque fois à la perception et qui vont être organisés dans une combinatoire selon une sélection et une mise en rapports visant à la construction d'un ensemble où les "zones neutres" (non perçues) sont supprimées au profit d'une confrontation directe des divers éléments". La fragmentation est donc un principe esthétique qui puise sa substance dans la peinture, mais aussi un principe qui répond à un fonctionnement de la perception. Par ailleurs, aux yeux de Simon, pour réfléchir sur la question de la fragmentation de façon approfondie, il faudrait parler "non seulement des cubistes mais encore de Gaudi (dont l'influence dans ce domaine a été déterminante, et pas seulement sur les cubistes), de Schwitters, de Motherwelle, de Miro' et de son étonnant alphabet de signes, de Louise Nevelson qui bâtit ses formidables sculptures avec des débris, de Rauschenberg, de Dubuffet et non rappeler mais analyser le monologue intérieur de Molly Bloom, le prodigieux contrepoint élaboré par Proust avec la réception chez la marquise de Villeparisis, le meilleur (Quentin) et le pire (Benjy) chez Faulkner, etc.)". En fait, ce que l'auteur livre ici, c'est la genèse historique d'un principe esthétique de la modernité. (A.Poirson, *Révolution*, 22 janv. 1982; lire aussi: Claude Simon, *Discours de Stockholm*, 1986).

Corrélats: mémoire, roman (4), esthétique des ruines

G

Génie
"Il faut détruire cette notion du génie [...]: je sais le travail que me coûtent mes livres et, je le répète, quiconque travaille aussi dur que moi fera quelque chose d'intéressant".

En fait, le mot-clé de la réflexion et de la pratique de Claude Simon est le mot travail et ses corrélats: labeur quotidien, tâtonnement, recherche, *bricolage, *fabrication, etc. (*Claude Simon*, colloque, 1975).

Corrélats: travail, inspiration, bricolage, fabrication, artifice/artificiel, artisan/ artisanal (manière).

H

Hasard

L'écriture simonienne n'est pas le fruit de hasards langagiers même s'il écoute plus les propositions du langage qu'il n'exécute un plan d'écriture préétabli. L'auteur est à l'écoute non pas d'un hasard mais d'une logique interne au langage mobilisé: une logique qui puise ses principes aussi bien dans le texte en cours d'écriture que dans les racines historiques (formelles, sémantiques) des mots, c'est-à-dire, de la pensée. Aussi, à un interlocuteur qui lui rappelait la déclaration de Louise Nevelson selon laquelle elle ne croit pas au hasard parce qu'elle sent que c'est sa vie qu'elle projette, Simon répond: "Je souscris sans réserve à cette déclaration [...] Je ne crois absolument pas dans mon travail, au hasard. Tout d'abord parce qu'il s'effectue au sein de la langue, qui nous constitue tous en tant qu'êtres parlants, et que celle-ci ne s'est pas forgée -loin de là- au hasard: que ce soient ses "figures", que ce soit l'historique de chacun des mots qui la composent, elle est le produit du long travail de la pensée et de son évolution. Dans tout ce qu'elle nous propose, à chacune de ses "convocations" [...] il n'y a donc rien de hasardeux, comme il n'y a non plus rien de hasardeux dans mon travail lui-même qui est extrêmement concerté et réfléchi. Lorsque je dis qu'au cours de celui-ci s'ouvrent à moi des perspectives ou m'apparaissent des possibilités auxquelles je n'avais pas pensé avant de me mettre à écrire ("Je ne fais pas exactement ce que je veux", dit Louise Nevelson), je ne pense certainement pas que ce soit l'effet d'un hasard quelconque, mais de la manipulation attentive de la langue, et ceci sans perdre jamais de vue l'unité et la composition générale de l'ouvrage" (*Claude Simon*, colloque Cerisy, 1975). Aussi, faut-il remplacer le mot hasard par travail de la langue et plus précisément par logique interne de la langue telle que Novalis et Heidegger, entre autres, l'ont défini. Le langage nous hante autant que nous le hantons.

Corrélats: mot, langage/langue, historicité, travail, fabrication, mathématique, logique engendrante

Histoire

1.

Le thème de l'Histoire est, dans la réflexion et dans la production romanesque de Simon, étroitement lié au thème de la Nature : "S'il y a un homme plongé dans l'Histoire, c'est bien moi", dit Simon à Marianne Alphant dans un entretien (M.Alphant, *Libération*, 10 déc.1985). Même s'il répond ici à une question sur son degré d'implication dans la vie actuelle, il n'en reste pas moins que cette phrase pourrait s'appliquer à son oeuvre romanesque si on lui ajoutait seulement trois petits mots : "s'il y a un homme plongé dans *la méditation* de l'Histoire, c'est bien moi". En effet, l'un des thèmes fondamentaux de l'oeuvre simonienne, est bien entendu le thème de l'Histoire. L'auteur la présente comme un des facteurs du tragique humain: par cet éternel retour du même, par la cyclicité des guerres (associée à la cyclicité de la Nature) qui la constituent (Simon affirme dans *La Corde raide* (p.54) que la guerre l'intéressait parce qu'il voulait "comprendre cette occupation importante et pour ainsi dire essentielle en ce sens qu'elle rentre dans les trois ou quatre besoins fondamentaux, comme coucher avec des femmes, manger, parler, procréer, pour lesquels les hommes sont faits et dont ils ne peuvent se passer"), par la répétition des mêmes destins tragiques, dans les mêmes lieux et de la même manière. Cette "philosophie de l'Histoire" fonde l'idée d'une malédiction qui frappe l'Homme: celui-ci paie un péché originel dont il ne connaît ni la la nature, ni les causes, ni les faits, ni les protagonistes.

2.

Si l'Histoire est indissociable de la Nature c'est parce que l'Homme est le lieu de cette dialectique : "l'individu-homme, dit l'auteur, fait partie de la nature. Il se manifeste dans la frénésie mais aussi dans le calme et il dit la nature qui connaît aussi (et répète) ses propres frénésies: orages, tempêtes, gels, sécheresse, tremblements de terre, inondations, déserts, frénésie de la végétation tropicale, etc. Par exemple, il me semble que l'on ne réfléchit pas assez sur les caractéristiques "naturelles" de la guerre, qu'elles soient d'ordre "matériel" ou "spirituel": guerres nationales ou révolutionnaires, pour l'appropriation ou la préservation de richesses, du pouvoir (même lorsque ces buts se dissimulent sous des masques idéologiques), guerres pour l'indépendance ou pour ne pas tomber sous une dépendance, etc., toutes décidées et faites par des créatures naturelles, à l'aide de matériaux (métaux, explosifs) composés de "corps simples" et produisant des effets naturels (d'ordre matériel, physique, psychique, etc.). Pour avoir fait moi-même la guerre (m'être trouvé dans l'une de ces "turbulences historiques"), je peux vous assurer (tant cela -démesure du bruit, de la violence aveugle- dépasse tout ce que l'imagination peut concevoir) que l'on a tout à fait le sentiment de se trouver au sein d'une sorte de phénomène cosmique". Cosmicité de la nature et cosmicité de l'Histoire rejoignent donc un temps originel, un état originel de l'Homme où dominent les "trois ou quatre besoins" essentiels desquels l'Homme ne peut se passer. Faire la guerre, tout comme labourer la terre (deux thèmes-clés du romanesque simonien), sont des actes de transformation de la nature et de l'Histoire . Par eux, l'Homme s'accorde à la cyclicité cosmique de la Nature et de Histoire. D'ailleurs, chaque fois que Simon parle de l'Histoire il évoque "l'image de la spirale qui repasse sans cesse sur les mêmes génératrices du cylindre autour duquel elle s'enroule." (A.Poirson, *Révolution*, 22 janv. 1982).

Corrélats: esthétique des ruines, forme et (de la) vérité, écrire.

Historicité

1.

Chaque écriture, même quand elle prétend ne pas dire la réalité individuelle ou collective, est située dans l'Histoire. Cette historicité est dans le style même de l'écrivain: "la seule chose, dit Simon, qui me constitue en tant que sujet historique, c'est la nature de mon écriture. Je n'écris ni comme Mme de Lafayette, ni comme Balzac, ni comme Flaubert, ni comme Proust, qui, chacun, ont vécu dans des contextes historiques différents, et ont écrit, eux aussi, de façons fort différentes..." . En outre, si l'historicité apparaît essentiellement dans la forme esthétique, elle est également son moteur; c'est-à-dire que "dans la mesure, dit-il, où j'arrive à produire ou à inventer des formes tant soit peu neuves, et dans cette seule mesure, je participe à et de cette incessante transformation qu'est l'histoire" (*La Nouvelle Critique*, 1977).

2.

"L'écrivain travaille un matériau -le langage- chargé d'histoire" (*N.R.H.A.*, t.2, 1972). Autant dire que l'historicité de l'écriture est étroitement liée à l'historicité de la langue, matière de la forme produite, car "la langue me constitue en tant que sujet parlant. Ce que je fais de la langue en la travaillant, c'est-à-dire mon langage, me constitue en tant en sujet historique" (*La Nouvelle Critique,* 1977). En d'autres termes, l'historicité de l'écrivain fonde l'historicité de la langue laquelle, à son tour, fonde l'historicité de l'écriture.

Corrélats: "lecture 3" pour l'historicité de la lecture, langage/ langue, épistémè, idéologie.

I

Idéologie

Même si pour Simon seules les nécessités formelles et les impératifs compositionnels importent dans l'élaboration d'un texte, il n'est pas moins conscient de l'impact de "l'idéologie dominante" sur son écriture, car, dit-il "je ne peux pas me trouver en dehors de toute idéologie

[...] aucun de nous ne le peut" (*Claude Simon,* colloque Cerisy, 1975). Ajoutons que plus loin, l'auteur définira l'idéologie dominante comme "esprit du temps", une sorte de bain idéel qui dicte ses concepts et ses images à des contemporains. Ou encore, et pour reprendre un concept foucaltien: une épistémè.

Corrélats: intertextualité, épistémè, historicité

Image

"Tout est fait d'images" déclare Simon parlant de *L'Acacia* (M.Alphant, *Libération*, 31 août 1989). Mais cette phrase est valable pour tous ses romans. Faut-il ajouter que chez lui le mot "image" s'associe principalement à la sensation ou, mieux encore, à la vision sensitive des choses.

Corrélats: peinture, plastique, regard, magma d'images musicales, magma musical d'images

Inachèvement

L'une des caractéristiques de l'art moderne est l'inachèvement de l'oeuvre : son ouverture. Commentant l'ouverture de ses propres romans, Simon défend implicitement l'idée du roman-esquisse: "Combien d'esquisses, dit-il, de maîtres (Tintoret, Rubens) sont plus belles (c'est-à-dire, si la beauté est le but de l'art, plus "finies") que les tableaux peints d'après elles! Pensez aussi à Cézanne dont Renoir disait "Cet animal-là, il ne peut pas poser dix touches sur une toile sans que ce soit déjà épatant!..." (et, de fait, à la dernière exposition Cézanne, à Paris, où, dans une rotonde, étaient réunies une douzaine de *Sainte-Victoire*, la plus saisissante en était une, à peine esquissée, sur laquelle étaient distribuées de larges touches modulées d'un gris-bleu ou bleu-vert et quelques lignes): pensez aussi à Michel-Ange dont certaines sculptures à peines ébauchées sont déjà sublimes (masses, plans, distribution de la lumière) au point que l'on se félicite qu'il ait interrompu là son travail...Le fini se trouve donc livré à l'estimation de celui qui fait: "Quand j'ai l'impression qu'un texte se tient à peu près debout", ai-je l'habitude de répondre à cette question, "debout" signifiant qu'il me semble alors répondre à ces impératifs valables pour tous les arts et dont je viens de parler". (A.Armel, *Magazine Littéraire*, mars 1990). L'achèvement se situe donc sur un autre plan, ou encore il est d'une autre nature: il est ici non pas "sémantique" mais syntaxique: une syntaxe musicale, picturale et mathématique où l'harmonie prime sur le contenu, le mouvement sur les contours nettement dessinés.

Corrélats: fragmentation, discontinu, crédibilité compositionnelle

Inspiration

Simon récuse complètement ce concept d' "inspiration". Non sans une certaine ironie, il parle de l'inspiration comme état de médiation relevant du surnaturel: l'écrivain y est "un simple intermédiaire, le porte-parole dont se servirait on ne sait quelle puissance surnaturelle, de sorte qu'autrefois domestique appointé ou consciencieux artisan, il voit maintenant sa personne tout simplement niée: ce n'est tout au plus qu'un copiste, ou le traducteur d'un livre déjà écrit quelque part, une sorte de machine à décoder et à délivrer en clair des messages qui lui sont dictés depuis un mystérieux au-delà" (Claude Simon, *Discours de Stockholm*, 1986). Pour lui, en matière d'écriture, il n'y a que *travail, *bricolage, *fabrication: "Je n'ai pas d'inspiration, dit-il, tant que je ne me mets pas à la table de travail, cela ne se fait qu'au niveau de la feuille de papier. J'ai souvent cité le mot de Lévi-Strauss: bricolage. Je prends des choses, j'essaie, ça va, ça va pas, j'essaie une autre...L'autre jour, mon ami Soulages me disait qu'en fait, "artisan" est un mot qui ne nous convenait pas: l'artisan lui, sait à l'avance ce qu'il fera, une paire de chaussures ou une table. Nous, nous ne le savons pas. Si vous me demandez pourquoi j'écris, je pourrait également vous répondre que je suis curieux de voir ce que produira mon travail" (Tanase, *Médias*, 12 fév. 1988).

Corrélats: bricolage, collage, travail, valeur, génie, hasard.

Intemporalité
Voir : Sens du monde

Intentionnalité et mécanismes de l'écriture
Simon insiste régulièrement sur l'aspect générateur de l'écriture. Même s'il a, au départ, un "vague projet", celui-ci est souvent délaissé au profit de ce que lui dictent les associations du langage et les mécanismes mis spontanément en place par l'écriture. Aussi, face aux structures (de symétrie ou de dissymétrie) décelées par certains critiques, l'auteur se pose-t-il la question suivante: "est-ce qu'il n'existerait pas des lois ou des règles de composition qui s'imposeraient à (ou plutôt que trouverait) celui qui cherche plus moins à tâtons, comme c'est mon cas (tout au moins lorsque cette recherche s'appuie sur un souci de cadence et de rythme)." (*Claude Simon*, colloque Cerisy, 1975). On pourrait donc parler d'une intentionnalité non pas de l'auteur mais du langage traversant l'auteur: des mécanismes qui "travailleraient" à son insu.

Corrélats: langage, travail, magma d'images musical es.., idéologie, épistémè, association de propriétés, hasard, logique engendrante.

Intertextualité
On pourrait, à propos de Simon, parler de deux types d'intertextualité: une intertextualité que nous appellerons phénoménologique et qui conditionne la manière dont l'homme perçoit la monde, et une intertextualité artistique qui participe de l'évolution des formes esthétiques.

1.

Intertextualité phénoménologique: la représentation du monde (si représentation il y a) est médiatisée par le langage, les facultés perceptives et mnésiques de l'homme, mais aussi et surtout par les textes lus -de quelque nature qu'ils soient. Pour Simon, il ne faut pas "ignorer l'importance que joue, dans notre appréhension du monde, l'ensemble des textes (littéraires, picturaux, philosophiques, mathématiques, etc.) qui l'ont dit. Chklovski a remarqué que "l'objet qui se trouve devant nous, nous le savons, mais nous ne le voyons plus" , et par ailleurs Jakobson a fort bien montré, par exemple, comment le roman dit réaliste du XIXe siècle, constitue le lieu de référence d'après lequel, par la suite, on a jugé du plus moins grand degré de "réalisme" d'une oeuvre. Lorsque donc Ricardou parle [...] de conflit entre la dimension référentielle et la dimension scripturale, je me demande si l'on ne pourrait pas dire que dans la composition de la "dimension référentielle", entre déjà, pour une bonne part, une "dimension scripturale", de sorte que le conflit dialectique serait, dans une grande mesure, entre deux "dimensions scripturales": l'ancienne et une nouvelle" (*Claude Simon*, colloque Cerisy, 1975). L'intertextualité et la dimension scripturale inhérente à tout acte de perception-écriture, conduisent donc à une remise en question de la notion même de "représentation".

2.

Intertextualité artistique: ce type d'intertextualité est non seulement un moteur de l'écriture simonienne mais aussi, selon l'auteur, un moteur de la transformation des formes de l'art en général, car "l'art s'autogénère pour ainsi dire par imitation de lui-même: de même que ce n'est pas le désir de reproduire la nature qui fait le peintre mais la fascination du musée, de même c'est le désir d'écrire suscité par la fascination de la chose écrite qui fait l'écrivain, la nature se bornant pour sa part, comme le disait spirituellement Oscar Wilde, à "imiter l'art"." (Claude Simon, *Discours de Stockholm*, 1986). Par ailleurs, Simon reconnaît implicitement la légitimité et la nécessité de l'imitation et de l'intertextualité dans le travail de l'écrivain sur la langue. La réflexivité de l'écriture est sous-tendue par une réflexivité artistique qui est, elle, historique.

Corrélats: représentation, épistémè, historicité

J

Jeu

1.

La notion de jeu, corrélative des notions de *tâtonnement de *hasard et de *bricolage, est une notion capitale chez Claude Simon. Elle révèle trois aspects importants de son écriture: a) la matérialité de la création littéraire: conception qui met en morceaux l'idée classique de l'inspiration et rejette complètement toute possibilité d'un schéma d'écriture préétabli que l'auteur se contenterait d'exécuter, b) la règle (ou la contrainte) comme fondement de toute pratique symbolique: règles ou contraintes, qui ont leur source non seulement dans les canons du genre romanesque (quel que soit leur degré de "déconstruction" par l'auteur), mais aussi et surtout dans la logique interne de la matière langagière elle-même; et enfin, c) le jeu comme effort qui mobilise les capacités mentales et physiques de l'auteur. D'ailleurs, parlant de cet aspect de son activité, Simon évoque systématiquement deux disciplines particulières, l'une très "physique" (la peinture), l'autre très mentale (les mathématiques). Ainsi, pour lui, écrire, jouer avec les mots, "n'est pas chose futile, mais tout au contraire extrêmement sérieuse et grave. Les mathématiques sont, par définition, le jeu des déductions; la peinture: le jeu des formes, des couleurs. Le jeu (je parle du jeu qui se pratique à l'intérieur de certaines règles, de certains codes) est même, si je ne me trompe, une des choses qui, avec l'outil, distingue l'homme de l'animal. Les mots, notre langue, ne sont pas les produits du hasard mais la pensée même. La difficulté n'est pas d'en jouer, c'est d'en bien jouer, c'est-à-dire (ce qui demande beaucoup d'attention et de réflexion) d'en observer la logique profonde, de même que dans le maniement des symboles mathématiques, il faut rigoureusement observer la logique mathématique si l'on ne veut pas aboutir à un résultat faux, et là aussi cela demande beaucoup de rigueur et d'attention" (*Le Figaro Littéraire*, 3 avril 1976). Bien entendu, le "bien jouer" ici vise non pas à éviter un résultat faux mais une fausse note, une dysharmonie qui pourrait nuire au tempo de l'écriture. Par cette dernière métaphore, nous voulons suggérer une musicalité mathématique ou une mathématique musicale de l'oeuvre de Simon (lire ici même *magma d'images musicales). Enfin ce qui intéresse particulièrement Simon dans ce jeu verbal, c'est l'imprévisibilité de la production. Comparant son travail au jeu de balle contre un fronton et dont les joueurs ne savent jamais à quel endroit ils vont le frapper ni comment la balle va rebondir, il ajoute: "Mon livre est ainsi un jeu avec le mur du langage, jeu vital, car, pour moi, toujours imprévisible" (P.Descargues, *Tribune de Lausanne*, 9 avril 1967).

2.

Il est un autre sens dans lequel l'auteur utilise le mot "jeu" : celui de décalage: "ce qu'il ne faut absolument pas perdre de vue, dit-il, c'est ce rapport perpétuellement ambigu, qui existe entre les mots et les choses, ce jeu (dans ce sens, cette fois, où l'on dit qu'une mécanique, une transmission, a du "jeu", c'est-à-dire qu'entre l'impulsion donnée et le mouvement produit s'interposent une série de décalages du fait que les différentes pièces ne sont pas étroitement emboîtées ou articulées). Si, comme je l'ai écrit, on ne doit jamais oublier que le mot feu n'est pas le feu, que le mot sang n'est pas du sang, on ne doit pas oublier non plus que les mots feu et sang nous renvoient aux images et aux concepts du feu et du sang [...] Si la célèbre métaphore de Saint Pol Roux "mamelle de cristal" produit un objet encore jamais vu et qui est autre chose qu'une carafe, et cela par la mise en rapport de deux substantifs dont non seulement le sens, mais encore la matière, la morphologie s'affrontent (mollesse de mamelle s'opposant à la dureté du mot cristal) établissant ainsi un rapport à la fois neuf et parlant, eh bien ce nouvel objet n'aurait pourtant malgré cela aucune existence si ces deux mots rapprochés et leur contexte ne faisaient pas surgir dans notre esprit les images ou les concepts d'une mamelle et d'une carafe". L'écriture explore ces décalages entre les mots et les choses, entre l'usage téléologique des choses et la mobilisation esthétique des mots qui leur sont rattachés.

Corrélats: bricolage, tâtonnement, tempo, mathématique, morphologie du signe, magma d'images musicales, hasard.

L

Langage/ langue

La réflexion de l'auteur sur le langage et sur la langue a connu une évolution qui recoupe l'évolution de ses formes romanesques. Nous voulons dans ce qui suit tracer les points forts de ce parcours.

1.

Le langage considéré comme être:

Simon affirme que, s'agissant d'*Histoire*, "l'objet, c'est le langage. Le langage considéré comme être" (M.Chapsal, *L'Express*, 3-9 avril 1967). Nous reconnaissons dans cette affirmation la reprise de l'une des considérations de Merleau-Ponty à propos des romans de Simon dans le cours qu'il lui a consacré au Collège de France en mars 1961.

2.

L'historicité de la langue:

"La langue est chargée d'histoire". Cette historicité fonde et l'historicité du sujet parlant/écrivant, et l'historicité de l'écriture ou du "style". (*N.R.H.A.*, t.2, 1972).

3.

La langue: structure et véhicule:

Pour Simon, la langue "a un statut ambigu: elle est toujours, à la fois et qu'on le veuille ou non, véhicule et structure" (L.Dällenbach, *Claude Simon*, 1988). La question de la référentialité de la langue (et non pas de la représentation) s'en trouve alors résolue: c'est par nécessité intrinsèque que les mots désignent les choses du monde. Il ne faut pas en déduire que l'art littéraire peut être "réaliste". Si elle est structure c'est qu'elle réfère aussi aux autres composantes qui la constituent et qui se manifestent simultanément dans le texte écrit.

4.

La langue est métaphore:

Simon souscrit complètement à une réflexion heideggerienne de Michel Deguy sur la langue et selon laquelle celle-ci est, dans son essence, métaphorique. Il n'y a pas un sens premier (ou sens propre) et un sens second (ou figuré). Car si la métaphore est, par définition, transport de sens qui va, en fait, d'un mot à un autre ou d'un ensemble de mots à un autre, ce transport finit par affecter toutes les couches d'une langue aussi bien horizontalement (d'un mot à l'autre) que verticalement (d'un paradigme à un autre) et à déterminer la *condition de l'homme parlant*. Celle-ci, écrit Deguy, "serait essentiellement métaphorique: déporté de toute saisie apocalyptique de son être, c'est-à-dire de l'immédiateté de son identité, il est hors de soi, séparé de soi d'une distance que mesure le "comme". Il est sur le mode de l'*être-comme-ce-qu'il-est* -à distance d'un transport initial dans la métaphore pédagogique de ce qu'il est. Sa vie est une métaphore de sa vérité. Etre chassé de l'Eden, non-lieu de la coïncidence "primitive" c'est en être séparé par le "comme". Lieu (espace) et comme (comparaison) sont identiques. *Etre déchu c'est être victime d'une métaphore, être frappé de connaissance symbolique*. Il vit dans le symbole de ce qu'il est. Ce symbole est le 'réel', est la 'réalité'." (*N.R.H.A.*, t.2, 1972). En termes clairs, la langue, métaphorique dans son essence, la connaissance, le symbolique (dont la langue et la connaissance sont une partie) sont les formes d'une malédiction qui frappe l'homme: l'homme parlant-écrivant ne peut jamais atteindre son être essentiel, ni l'être essentiel du monde où il vit; car, en fait, c'est dans une immense métaphore qu'il vit. La vrai condition de l'homme, ce n'est pas d'être mortel, mais de vivre dans la métaphore. Car la langue constitue l'être pensant-écrivant, son ordre est une interrogation de l'ordre du vécu et vice versa: "J'essaie, dit Simon, de trouver comment s'organise dans la langue, cette langue qui nous constitue en tant qu'êtres pensants, tout ce magma de souvenirs et de sensations, qui nous constituent en tant qu'êtres sensibles" (Tanase, *Médias*, 12 fév. 1988).

5.

La langue est réflexive:

La langue est l'une des composantes de l'écriture qui retient particulièrement la réflexion de l'auteur. Dans ses romans comme dans ses entretiens ou ses quelques écrits théoriques, le langage est le lieu privilégié de la réflexivité et de la créativité. En s'accomplissant, l'écriture s'analyse, se relit et engendre ses suites textuelles sur la base des potentialités renfermées dans la langue. La réalité est, du coup, rendue caduque, presque évacuée. "Chacun de nous, dit-il, s'efforce au départ de "copier" des émotions, des sensations ou des images qui lui appartiennent en propre. Je dis bien "au départ" parce qu'ensuite le langage, la chose écrite, s'engendre pour ainsi dire elle-même". Le texte s'écrit selon la logique que lui dicte les propositions de la langue mobilisée et non selon les intentions de l'écrivain. "On se met à écrire et puis le langage de lui-même engendre quelque chose dont on ne savait pas qu'on était porteur". Le langage déploie aussi bien ses potentialités que les potentialités ignorées de l'écrivain lui-même. Raoul Dufy, que Simon côtoyait, disait "Il faut savoir abandonner ce qu'on a voulu faire au profit de ce qui "se fait" ". (*L'Express*, 5 avril 1962).

6.

Le langage, lieu de reconstitution du monde:

Le langage est également, pour Simon, le lieu de la reconstitution du monde. Celui-ci s'absente complètement des intentions et projets de l'écrivain (puisque qu'il ne vise pas à copier le monde) mais réapparaît lors de l'écriture selon un mode d'être et avec des significations / vérités inattendues. Et c'est sur ce plan que "monde perçu" et "monde écrit" s'opposent littéralement : "Lorsque nous percevons un objet, le monde entier se trouve nié, annulé. Ce verre, quand je le regarde, me prive de tout ce que je ne vois pas. Si j'entreprends de décrire ce verre -qui me cache tout quand je le regarde- je vais énumérer des qualités qui sont communes à ce verre et à beaucoup d'autres objets. Ce verre se trouve dès lors relié au monde qui se reconstitue dans le langage [...] Le monde écrit n'est pas le monde perçu. Mais par le langage on arrive à des découvertes: on se "découvre" soi-même en écrivant, dans tous les sens du mot et c'est un risque à prendre". (*L.F.*, 13-19 avril, 1967).

7.

La langue travaille l'homme:

La langue est pour Simon un organisme vivant qui "travaille celui qui la travaille". L'écrivain est, dans ce sens, traversé par ses lois internes. Cette conception, l'auteur la doit à sa pratique scripturale, mais aussi à Novalis. Pour celui-ci "la langue constitue un système bâti sur et fonctionnant avec une logique profonde, comme les mathématiques, et que, paradoxalement, seul celui qui en a le sentiment, en observe les lois "où se reflète le jeu étrange des rapports entre les choses", alors celui-là est prophète, tandis que celui qui veut se servir d'elle pour lui faire exprimer quelque chose, alors la langue se vengera et lui fera dire des sottises". Si la langue, en se réfléchissant dans l'homme, est plus créative il faut donc "écouter ses propositions", car ce qu'elle "me force à dire [...] est toujours beaucoup mieux que ce que je voulais dire' ". (*La Nouvelle Critique*, 1977) En d'autres termes si la langue "a sa logique profonde, sa dynamique, ses exigences, il faut savoir l'écouter" (J.van Apeldoorn, C.Grivel, 1979).

8.

L'Homme-langue comme image totale:

Il y a chez Simon enfin, une "philosophie" du langage: au-delà de cette métaphoricité inhérente à tout acte de parole-écriture, par-delà cette dialectique du travailleur-travaillé par la langue, et cette idée de langue comme lieu de constitution du monde sensible, il en est une dernière qui associe ce monde sensible à l'homme sensible: c'est-à-dire un homme et un langage où s'articulent presque spontanément les données perceptives, mnésiques, historiques, idéelles et imaginationnelles sous la forme sensible de l'image, ou encore la forme de l'image sensible (Claude Simon, *Discours de Stockholm*, 1986).

Corrélats: historicité, créativité, sens du monde, fond/ forme, jeu, roman phénoménologique.

Lecteur

Le lecteur, aux yeux de Simon, est un maillon important dans la chaîne de la communication littéraire. Car c'est son attente qui est prise en considération par l'écrivain lors de l'élaboration du roman. "Il faut être deux, dit Simon, pour faire un livre: auteur et lecteur. Sans lecteur pas de

livre. Le lecteur met beaucoup de soi-même dans la lecture"
(*L.F.*, 13-19 avril 1967). Il est partie prenante dans l'affaire :
"que serait un livre sans aucun lecteur? se demande Simon
avant d'ajouter : "Il n'existe pas d'objet sans sujet". Si
l'auteur se contente de questionner le monde et les choses,
"c'est au lecteur d'effectuer cet autre travail complémentaire
qu'est la lecture". (*Le Figaro littéraire*, 3 avril 1976).

Corrélats: lecture

Lecture

1.

La réflexion de Simon sur le problème de la lecture
était incontournable pour lui: son oeuvre, par les résistances
(ou hostilités) qu'elle rencontrait, rendait cette réflexion
urgente. Pour lui le lecteur doit changer ses habitudes de
lecture s'il veut recevoir correctement l'oeuvre moderne. Il
propose alors une lecture qui rejoindrait la lecture de la
peinture moderne: "pourquoi, dit-il, ne pas prendre le roman
moderne comme la peinture moderne, c'est-à-dire n'y
chercher que ce qu'il propose? Il y a là, bien sûr, un
changement dans la façon de lire" (*Claude Simon*, colloque
1975). La lecture n'est plus réception d'un sens ou d'une
thèse qui constitue un point de consensus et d'entente entre
l'écrivain et le lecteur; elle est processus permanent de
construction et de déconstruction du sens et de la forme.

2.

Si l'on taxe l'oeuvre simonienne de discontinuité au
point de perdre toute unité, c'est qu'on oublie que sa
composition obéit à des principes plastiques qu'il est
nécessaire de mettre à contribution lors du processus de
lecture. Aussi, l'auteur propose-t-il "un mode lecture en
évoquant ces peintures composées de trois volets qui
représentent quelquefois des scènes totalement différentes et
quelquefois un ensemble homogène (la vie d'un même
saint). Mais ce qui fait l'unité de ce genre d'oeuvre, c'est une
unité de nature picturale, c'est, disons, que tel rouge en haut
du volet de gauche peut renvoyer à tel autre rouge ou encore
à tel vert en bas de celui de droite, si bien que les trois
tableaux sont composés de manière à n'en former qu'un seul.

Cette harmonie des couleurs et ces renvois de l'un à l'autre, voilà ce qu'indique le titre de *Triptyque*, du moins dans mon esprit." (*Claude Simon*, colloque Cerisy, 1975). La lecture se définirait, dans ce sens, comme construction par le lecteur d'une unité qui cherche ses composantes dans tous les niveaux textuels et linguistiques et non pas uniquement dans le référentiel, le raconté. Tel le spectateur des tableaux de Cézanne, le lecteur de Claude Simon "est invité en priorité à voir des rapports entre les lignes et les taches de couleur (non pas le ciel, des feuillages, un pan de montagne: des taches), son attention, par ce fait même est attirée sur la matérialité de ces taches elles-mêmes (pâte plus ou moins diluée, jus, traces de pinceaux plus ou moins gros, etc.) Et de même, à partir du moment où un romancier ne dissimule plus que la continuité et la "réalité" font pour lui problème, qu'elles lui échappent, qu'il ne prétend plus les représenter, il attire ipso facto l'attention du lecteur sur le phénomène de l'écriture en soi; ce qui revient à mettre en question son discours qui, dès lors, va être constamment contesté par des "peut-être", "sans doute", "probablement"." (A.Poirson, *Révolution*, 22 janv. 1982).

   3.

   Conscient des divers facteurs qui conditionnent aussi bien la réception de l'oeuvre d'art que sa production, Simon insiste sur l'historicité de ces facteurs qu'il appelle "langage" ou "code". Aussi, ce qui fait la non-réception des impressionnistes au départ, c'est que leur langage pictural n'était pas partagé. "Leurs contemporains [...] ne connaissaient la "réalité" [...] qu'à travers le langage qui les avait déjà produits, celui qu'ils étaient habitués à déchiffrer dans les musées, qu'ils savaient lire." (*La Nouvelle Critique*, 1977). Lire est donc un acte de répétition d'un code établi, d'un langage institué, historicisé. Changer ce code ou ce langage est lui-même ordonné par des déterminismes historiques.

   4.

   Enfin, la lecture pour Simon est un processus de construction qui mobilise toutes les facultés cognitives, mnésiques, affectives et esthétiques du lecteur. C'est pourquoi, face au fragmentaire de son texte, il suppose une sorte de mémoire "intuitive" du lecteur qui veille sur la cohésion de ce qui est lu. Aussi, répondant à une remarque de Ricardou sur le caractère successif de la description (caractère qui installe l'oubli et la perte du fil conducteur du texte), il souligne ce qui suit: "s'il est exact que la description ne découvre que successivement les diverses qualités d'un objet, ce qui a été dit ne disparaît cependant pas de notre mémoire mais y demeure, même confusément, et outre que le déjà dit peut être rappelé plus ou moins fréquemment à la mémoire [...], il en reste de toute façon un souvenir ou une impression qui, serait-elle vague, permet néanmoins d'y rattacher ce qui est, par la suite, découvert." (*N.R.H.A.*, t.2, 1972). Par ailleurs, cette mémoire intuitive du lecteur fait pendant (ou active) la mémoire filigrane du texte.

Corrélats: mémoire textuelle, mémoire filigrane, idéologie, historicité, planéité, plastique.

Linéarité
Voir : Plastique, Mémoire, Continuité, Discontinuité

Logique engendrante
1.
Par cette formule nous voulons résumer cette idée de la production réflexive d'un texte sur laquelle Simon insiste dans tous ses entretiens et dans tous ses textes "théoriques": "Est-ce qu'il n'est pas permis, s'interroge-t-il, de se demander si, de même qu'indépendamment des choses représentées (nature morte, paysage, nu) il existe une logique de la peinture en soi, il n'existerait pas aussi une certaine logique interne au texte, propre au texte, découlant à la fois de sa musique (rythme, assonance, cadence de la phrase) et de son matériau (vocabulaire, "figures", tropes - car notre langage ne s'est pas formé au hasard), mais encore si cette logique selon laquelle doivent s'articuler ou se combiner les éléments d'une fiction, n'est pas, en même temps, fécondante et, par elle-même, engendrante de fiction." (*N.R.H.A.*, t.2, 1972). La logique engendrante du

texte, ou logique autoproductive manifeste les potentialités "narratives" et fictionnelles des mots.

2.

Cette logique engendrante devient souvent, dans le discours de Simon, synonyme de contrainte productive qui réduit la volonté de l'écrivain: "ces nécessités purement formelles, dit-il, loin de constituer des gênes ou des obstacles, se révèlent être éminemment productrices et, en elles-mêmes, engendrantes. De plus en plus se vérifie pour moi ce qu'a écrit il y a déjà longtemps Tynianoff [sic], c'est-à-dire que (je cite): "La fonction constructive, la corrélation des éléments à l'intérieur de l'oeuvre réduisent "l'intention de l'auteur" à n'être qu'un ferment, et rien de plus [...] Et pour ce qui me concerne, si je compare ce "ferment" qu'étaient mes "intentions premières" avec ce qui, finalement, grâce à cet ensemble de contraintes, s'est produit au cours de mon travail, je suis de plus en plus à même de constater à quel point ce produit élaboré mot à mot va finalement bien au-delà de mes intentions" (*N.R.H.A.*, t.2, 1972)., (J.van Apeldoorn, C.Grivel, 1979), (Eribon, D., *Libération,* 29 août 1981).

Corrélats: mot (1), langage, associations des propriétés, musicalité, intentionnalité et mécanismes de l'écriture, tâtonnement, bricolage, fabrication, mot.

M

Magma d'images musicales, magma musical d'images

Ce mot de "magma" apparaît très tôt dans les discours de l'auteur pour désigner cet état de pré-écriture où l'écrivain n'a à sa disposition qu'un "schéma confus" de ce qu'il va écrire, que "quelque chose de confus et de vague" qui relève plutôt de l'informel, ou encore, qu'un "magma informe" d'idées, d'images et de sensations. La lecture attentive de ces discours permet, cependant, de souligner ce qui suit:

a- ce magma est principalement de nature ou de matière visuelle: il s'agit essentiellement d'images, même confuses ou indéfinies (il parlera à Dällenbach de cette "masse confuse et emmêlée d'images qui se présente à mon esprit" (L.Dällenbach, *Claude Simon*, 1988);

b- le déferlement (mentale) de ces images obéit à des "tempi" entre lesquels l'auteur sélectionne le tempo adéquat aux mots qui viennent s'accoler à ces images. C'est-à-dire que c'est le tempo choisi qui aide à rendre ces images claires au moment où elles deviennent texte. Il faut attendre l'année 1979 pour que ce phénomène d'association de l'image et de la musique puis de celles-ci aux mots, reçoive un développement clair. En effet, dans l'entretien qu'il accorde à J.van Apeldoorn et C.Grivel, Simon, parlant des "productions de l'imagination", affirme que "dans imagination, il y a images. Ce qui est en moi, je dois dire, quand je commence à écrire, c'est un magma d'images, beaucoup plus que des histoires [...] Voilà, pour moi, comment cela fonctionne, mes images venant s'agglutiner soit par similitude, par parenté, soit par opposition, harmoniques et dissonances, sans oublier celles qu'apportent les mots eux-mêmes". Et il ajoute plus loin: "la musique, le rythme amènent des images auxquelles je n'avais pas pensé". En somme, sans musique, les images restent confuses, informes, "magmatiques". Nous pouvons donc parler, à propos de cet état qui précède l'écriture, de *magma d'images musicales*, ou encore de *magma musical d'images*: images, musique et mots étant, à cet instant, comme pendant le travail d'écriture, dans une relation de conditionnement réciproque. D'ailleurs, dans un entretien avec l'auteur, D.Eribon, résume en une phrase essentielle cette articulation esthétique: "le rythme chez Simon, dit-il, c'est une façon de *voir* les choses": toute l'esthétique simonienne y est (cf. D.Eribon, *Libération*, 29 août 1981).

Si nous insistons sur cet aspect du processus de création chez l'auteur c'est tout simplement parce qu'il explique une des caractéristiques fondamentales de son écriture romanesque, à savoir l'intérêt qu'il accorde au regard, à l'image: aussi bien en tant que stimuli -tels les tableaux des peintres, les photographies, les illustrations, les B.D., etc.- qu'en tant que lois de composition qu'il tente de transposer. En effet, bon nombre de ses techniques d'écriture sont puisées dans les arts visuels en général. Enfin, il y a chez lui, toute une thématique de la vision, du "voir", du visible et de l'invisible qui mérite d'être étudiée. (J.van Apeldoorn, C.Grivel, 1979; Eribon, D., *Libération*, 29 août 1981: lire aussi: Claude Simon, *Discours de Stockholm*, 1986). Il est remarquable à ce propos que Merleau-Ponty utilise le même concept de magma dans le cours qu'il a réservé à l'auteur.

Corrélats: regard, débuts, commencement et amorce, bricolage, Bacon, Cézanne, Dubuffet, Deschamp, peinture, plastique, musicalité, voir (le), langage/langue.

Mathématique
1.
Simon cite souvent ce mot d'Heisenberg pour parler de la dialectique roman-connaissance: "les mathématiques ne nous permettent pas de mesurer les choses mais la connaissance que nous en avons". Nous renvoyons à ce propos à *"connaissance" (*Le Monde*, 26 avril 1967).
2.
Le chapitre du cours de mathématiques supérieures qui s'intitule "Arrangements, Permutations, Combinaisons" semble avoir frappé de façon assez significative l'imagination de l'auteur puisque les notions qui le constituent reviennent systématiquement dans ses entretiens pour qualifier son écriture. Sa combinatoire scripturale semble effectivement analysable selon ces principes d'arrangement, de permutation et de combinaison. (*Entretiens*, 1972), (Eribon, D., *Libération*, 29 août 1981).
3.
Ce mot et ce domaine sont loin d'être de simples réservoirs où Simon puise, de temps à autre, quelques métaphores pour parler de son écriture. La combinatoire scripturale semble avoir un fonctionnement similaire à la combinatoire mathématique. Ses entretiens et essais sont jalonnés d'emprunts terminologiques à ce domaine ("intersection", "ensembles", "éléments communs", "réunion" etc.). Davantage, il y a un fonctionnement

mathématique du texte simonien. A la question posée par Monique Joguet "Vous arrive-t-il d'appliquer les systèmes mathématiques modernes dans vos romans?", Simon répond: "hélas! je n'en sais pas assez long en mathématiques...Mais très souvent mon travail me rappelle une expression couramment employée dans la géométrie euclidienne: c'est "Considérons " telle ou telle figure (triangle, cercle, carré, etc.) et cherchons quels en sont les propriétés. Eh bien, il me semble que mon travail c'est exactement cela: prendre une "figure" (n'importe laquelle: exemple "Générique" -la description de la pièce en ruine- de *Leçon de choses*) et examiner, explorer toutes ses propriétés, c'est-à-dire quelles autres figures, quelles autres images, formes, cette "figure" initiale a, dans et par la langue, la propriété de susciter de faire surgir, de s'assembler...". (*Le Figaro Littéraire*, 3 avril 1976; *Claude Simon*, colloque Cerisy, 1975; *N.R.H.A.*, t.2, 1972; J.van Apeldoorn, C.Grivel, 1979).

4.

Enfin, Simon fait sienne l'idée de Novalis selon laquelle "mathématiques et langue sont membres de la nature", c'est-à-dire qu'elles constituent un système en soi, autonome, n'exprimant rien en dehors d'elles-mêmes, mais produisant des objets de leur propre nature et selon la logique interne, ou encore selon un jeu de mise en rapport ayant sa finalité en lui-même. Cependant, cette logique interne sert à dévoiler le monde.

Corrélats: jeu, connaissance, musicalité, réflexivité, considération, association et (de) propriétés.

Mémoire
1.
La mémoire est, si nous pouvons nous exprimer ainsi, le pilier central de l'édifice romanesque simonien. L'écriture tente de mimer et de reproduire son fonctionnement et principalement, la simultanéité, le nivellement, la contiguïté et la discontinuité de ses contenus . "Dans la mémoire, dit Simon, tout se situe sur le même plan: le dialogue, l'émotion, la vision coexistent". Tout le travail de Simon

consistera en la construction d'une "structure qui convienne à cette vision des choses"; structure qu'il nomme "architecture sensorielle". Autant dire que c'est un principe de planéité qui préside à la composition simonienne. Cela s'entend: la peinture est pour l'auteur un modèle à suivre. "Les peintres, dit-il, ont bien de la chance. Il suffit au passant d'un instant pour prendre conscience des différents éléments d'une toile. Je voudrais amener le lecteur à confondre son temps avec le mien, à repérer mes thèmes, mon thème". Ecrire la mémoire, c'est suivre ses cheminements associatifs, fragmentaires et créatifs, car "une émotion, une sensation, Samuel Beckett l'a très justement remarqué, ne se présente jamais seule au souvenir. Elle provoque des harmoniques, ou si vous préférez, des couleurs complémentaires". Ecrire la mémoire, c'est écrire la simultanéité des objets mnésiques. L'optique de la mémoire se substitue à l'optique physique, ou plus précisément: optique physique et optique mnésique se superposent au présent de l'écriture.

2.

Parfois, Simon emploie à la place du mot "mémoire" le mot autour duquel une certaine phénoménologie a bâti son système: le mot "conscience": "j'étais, dit-il, hanté par deux choses: la discontinuité, l'aspect fragmentaire des émotions que l'on éprouve et qui ne sont jamais reliées les unes aux autres, et en même temps leur contiguïté dans la conscience". Aussi nous ne pouvons comprendre la structure de la phrase simonienne (comme par exemple l'usage systématique qu'il fait du participe présent -"il n'y a ni commencement ni fin dans le souvenir" commente-il) en l'absence de ces principes de fonctionnement mnésique.

3.

Dans un entretien avec Claude Simon, J.Duranteau avance la formule, très réussie, de "mémoire harmonique" que l'auteur approuve. Par cette expression, le critique désigne ce processus associatif complexe de la mémoire combinant ses contenus. Un principe qui (en plus du principe de contiguïté) régit cette combinatoire mnésique: *l'analogie sensitive*. "Un souvenir ou une image datant de plusieurs années peut se trouver très proche d'un souvenir d'hier, alors que l'événement d'avant hier par exemple, en est beaucoup plus éloigné. Ce qui les associe, ce sont des analogies données par la sensibilité". Ces associations sur la base d'une analogie sensitive se développent, comme le mot "musical" semble le suggérer, selon des lois de variation, de cadence, de fréquence, de modulation et de rythme propre à l'art musical. Combinatoire mnésique, combinatoire musicale et combinatoire mathématique semblent indissociables dans la phrase simonienne. (*Le Monde*, 8 oct. 1960; *N.L.* 29 déc. 1960; *L.N.*, 19-25 janv. 1961; *N.L.*, 3 mai 1962; *L.F.*, 13-19 avril 1967)

4.

Sur la "mémoire intuitive" du lecteur et son rôle dans le processus de construction lectural, voir *lecture (4).

Corrélats: plastique, tempo, sensorialité, lecture (4), réflexivité, mathématique, musicalité, magma musical d'images..; tempo.

Mémoire filigrane, mémoire textuelle
1.

Simon attribue au texte une mémoire qui préside activement à sa construction aussi bien lors de sa production que lors de sa réception. En effet, pour lui, "tous les éléments du texte [...] sont toujours présents. Même s'ils ne sont pas au premier plan, ils continuent d'être là, courant en filigrane sous, ou derrière, celui qui est immédiatement lisible, ce dernier, par ses composantes, contribuant lui-même à rappeler sans cesse les autres à la mémoire. Parce que c'est là, me semble-t-il, que peuvent jouer à plein les propriétés rassemblantes de ces correspondances ou plutôt de ces transports, au sens étymologiques du terme, que sont les métaphores" (*N.R.H.A.*, t.2, 1972). En fait, chaque mot, par ses composantes morphophoniques et sémantiques, est la mémoire des mots qui l'ont précédé et contient les possibilités qui vont suivre. Et c'est en activant cette mémoire textuelle ou filigrane que la mémoire "intuitive" du lecteur peut saisir la cohérence d'un texte, c'est-à-dire, son unité et son mouvement.

2.

Par ailleurs, si la mémoire textuelle, ainsi définie, assure une sorte de continuité "souterraine" au texte, elle oeuvre aussi comme moyen de mise en correspondance des différentes séries de la fiction. Exemple, dans *Histoire* : "les méandres serpentins du fleuve tropical, ceux que dessinent la ficelle du jouet de l'enfant sur le trottoir ou le boa tombé des épaules de la vieille dame sur le tapis, ces divers tropes ayant pour effet immédiat de rappeler, de présentifier ou si l'on préfère transporter la forêt vierge dans une rue ou un hall d'hôtel, et inversement." (*N.R.H.A.*, t.2, 1972). Grâce à la répétition de cette même figure serpentine, le texte produit des interférences, des échos et des jeux de miroirs qui donnent au texte fragmentaire une unité fondée sur un autre type de causalité.

Corrélats: lecture (4), métaphore, association et/des propriétés, mémoire.

Métaphore

1.

Ce qui définit la nature humaine, plus encore, sa condition, ce n'est pas d'être mortel, mais de vivre dans le langage qui est essentiellement métaphorique. D'ailleurs Simon se demande "si notre langage ne nous faisait pas, le plus souvent, vivre en plein fantastique" (*N.R.H.A.*, t.2, 1972). Michel Deguy va plus loin dans son analyse du tragique simonien: "Etre déchu, dit-il, c'est être victime d'une métaphore" (Lire à ce propos, langage/langue (2)).

2.

"Toute mon oeuvre est construite sur la nature métaphorique de la langue. Je m'étonne qu'aucune étude n'ait souligné ce genre de faits" (*La Nouvelle Critique,* 1977). Si l'auteur insiste sur cet aspect, c'est pour la simple raison que pour lui "la métaphore est [..] le fondement de la langue, et donc de tout écrit." (J.van Apeldoorn, C.Grivel, 1979).

Corrélats: associations et/des propriétés, langage (2), mise en abyme, langage/ langue

Miro', J.

Miro' fait partie de ces peintres dont Simon s'est "inspiré" pour écrire ses textes. D'ailleurs, *Femmes* porte sur vingt-trois tableaux du peintre. S'expliquant sur ce choix, Simon affirme qu' "on retrouve dans la peinture de Miro' une quantité de formes de mon pays que je connais bien car je suis aussi catalan par ma mère: les plages, les objets (les cailloux, les bois flottés, les étoiles de mer) qu'on y trouve; j'ai parlé de tout ça. Et finalement les images, les mots, amenant comme toujours d'autres images, cela fait un texte." (B.L.Knapp, *K.R.Q.*, 1969).

Corrélats: Dubuffet, Duffy, Delvaux, Van Gogh, plastique, peinture

Mise en abyme

1.

La mise en abyme est d'abord un jeu métaphorique.

Question de M.Joguet: "La pratique de la mise en abyme, ne vous permet-elle pas de rapprocher en les confondant deux réalités initialement séparées et ne peut-on admettre que la mise en abyme revient à un jeu métaphorique?

Réponse de Simon: "Si la mise en abyme est métaphorique, ce n'est pas elle qui me permet de, selon votre expression "confondre ceux réalités initialement séparées"; car les mots fonctionnent selon une logique presque mathématique d'intersection et de réunion. (*Le Figaro Littéraire*, 3 avril 1976).

2.

Pour Simon la cohésion de l'oeuvre est fondée principalement sur un jeu de réflexion interne, "un jeu de miroirs, de miroirs réfléchissant. Tout le temps: par mises en abyme incessantes, par des renvois successifs...J'essaie effectivement de multiplier ce jeu" (J.van Apeldoorn, C.Grivel, 1979). En effet, dans le roman simonien la mise en abyme concerne tous les aspects de la production, de la réception et de la représentation. Le texte s'auto-produit, s'auto-reçoit et s'auto-représente.

Corrélats: mathématique, réflexivité, représentation

Modèle

Simon rejette l'emploi du mot "modèle" parce que "la notion de modèle comporte l'idée de copier"; or, pour lui, la littérature ne représente pas la réalité, elle *produit* une réalité. Quant aux divers textes iconiques (photographies, tableaux, cartes postales, affiches, etc.) dont il se sert pour écrire ses textes, ce ne sont pas pour lui des modèles mais des stimuli: "Ce que j'écris, dit-il, n'a qu'un rapport extrêmement ténu avec le "modèle". Pour risquer une métaphore, de nouveau, je dirai que les pommes que peignait Cézanne, elles étaient réelles, mais ce n'est pas cela qui nous intéresse dans le tableau de Cézanne [...] C'est la pomme peinte qui compte, ce n'est pas la pomme modèle" (*N.R.H.A.*, t.2, 1972).

Corrélats: représentation, réalisme, crédibilité compositionnelle

Morphologie du signe

L'écriture est une grande combinatoire formelle. Et la morphologie du signe (verbal, iconique) est ce qui, chez Simon, détermine l'engendrement du texte et sa composition. Le sens de ces signes est relégué au second plan; davantage, "il faut toujours sacrifier le signifié aux nécessités plastiques, ou, si l'on préfère, formelles". Les mots s'associent, se succèdent non pas selon une motivation d'ordre sémantique mais tout simplement d'ordre formel. La créativité même du texte dépend de ce principe réflexif ("les nécessités formelles sont en elles-mêmes créatrices", dit-il ailleurs): l'auteur n'invente rien; c'est le texte qui explore ses potentialités en interrogeant en permanence sa logique morphologique ou formelle. Dans cette logique, seule compte une certaine crédibilité scripturale ou picturale.(*Entretiens*, 1972). Lire à ce propos *crédibilité compositionnelle.

Corrélats: collage, travail de l'écrivain, créativité, association de propriétés, mémoire filigrane / mémoire textuelle.

Mot

1.

Historicité du mot: Le mot pour Simon n'est pas le fruit d'un hasard, mais le produit d'une histoire qui touche toutes les activités de l'homme. D'ailleurs, "notre vocabulaire, dit-il, n'est pas un ensemble de signes inertes; chaque mot est porteur d'une charge à la fois historique, culturelle, phonétique; ce n'est pas par hasard que le mot rideau nous fait penser à un rideau d'arbres aux ris de l'eau, à Agrippine et à Plonius; ce n'est pas par un effet de hasard non plus [...] que le mot idée vient, par le latin, du grec *eidea* (image, idée), lui-même du verbe *eiden* (voir) qui a donné par ailleurs *eidos* qui veut dire: figure, forme, et [...] ce n'est pas non plus par hasard enfin que s'est formé ce vaste ensemble de figures métaphoriques dans et par quoi se dit le monde" (*N.R.H.A.*, t.2, 1972). La productivité du mot dépend, en dernière analyse, du degré de conscience de l'écrivain de cette *historicité.

2.

Mot-carrefour: Les mots ont, aux yeux de Simon, ce pouvoir prodigieux de "rapprocher ce qui, sans eux, resterait épars". En fait, dans la pratique scripturale de l'auteur rien n'est défini d'avance mais se décide selon ce que lui proposent les associations et les propriétés de ce qu'il appelle des "mots-carrefours". Pendant l'acte d'écriture le récit peut suivre autant de chemins qu'en proposent les mots; des chemins "ouverts pas à pas, c'est-à-dire *mot à mot*, par le cheminement même de l'écriture" (*N.R.H.A.*, t.2, 1972). D'ailleurs, Simon n'intitule-t-il pas l'un de ses textes *La fiction mot à mot*. En somme, l'écriture est pour l'auteur, une pratique à la fois tâtonnante et "aveugle". Lire aussi: *association de propriétés, *tâtonnement, *bricolage)

3.

Mot et pensée: "Les mots, notre langue, ne sont pas les produits du hasard mais la pensée même" (*Le Figaro Littéraire*, 3 avril, 1976). Cette phrase résume un aspect important de la poétique simonienne: si les mots sont la pensée même, cela veut dire que la créativité textuelle a son origine dans deux substrats étroitement liés: l'un textuel, l'autre historique. Le premier décide de l'engendrement du texte par une sorte de déterminisme interne qui fait que les mots se conditionnent les uns les autres à l'intérieur du texte. Celui-ci possède, dans cette optique, une mémoire établissant des lois d'association entre les mots, les phrases et les images liés entre eux (*mémoire filigrane). Le texte peut donc être l'expansion d'un seul mot, d'un seul concept qui mobilise à la fois toutes ses potentialités sémantiques, morphologiques et phoniques ainsi que les potentialités de ses "emplois" précédents. Quant au substrat historique, il met à contribution, lors de l'acte d'écriture, la pensée sous ses diverses formes (langagière, littéraire, culturelle, artistique, etc.), car la langue, le mot, est la condensation de la pensée de l'Homme. lire *historicité.

4.

Mot et chose: "Ce qui était caché derrière les clochers de Martinville devait être quelque chose d'analogue à une jolie phrase, puisque c'était sous la forme de mots qui me faisaient plaisir que cela m'était apparu..." Cette phrase de Proust citée souvent par l'auteur met en relief un autre aspect du processus scriptural simonien: la perception de la chose réelle est médiatisée par le mot, et pas n'importe quel mot ou phrase mais une "jolie phrase". La perception, pour acquérir le statut de littérarité ou d'esthéticité, doit chercher la forme harmonieuse qui lui convient. A partir de ce moment, le perçu s'intègre dans une structure esthétique qui dicte désormais au réel sa forme tout en révélant son sens, sa pensée profonde. Ainsi, lorsque l'auteur fixe un objet quelconque (un nuage, une fleur, un caillou) et sent "qu'il y avait peut-être sous ces signes quelque chose de tout autre qu' [il] devait tâcher de découvrir, une pensée qu'ils traduisaient" (*Le Figaro Littéraire*, 3 avril, 1976), c'est dans le mot, dans la phrase que ce quelque chose attend à être révélé, dit, écrit.

5.

Mot et thème: "Le thème d'un roman peut n'être parfois qu'un simple mot, un simple concept". Pour illustrer ce propos, Simon raconte le fait suivant à propos de *Leçon de choses*: "Alors que j'étais arrivé aux trois quarts de la rédaction, le roman presque terminé, je me suis soudain rendu compte que tout ce que j'avais fait, pendant cent cinquante pages, c'était de développer les connotations du mot "chute". Prenez le *Littré* et ouvrez-le. Tout y est, de la chute d'un pan de mur, d'un rocher, à la chute d'une bombe, la chute du jour, d'une place forte, la chute d'Adam, d'une femme, la chute du toit, la chute des reins etc. Vous voyez les perspectives que cela ouvre?" (*Le Figaro Littéraire*, 3 avril, 1976). En somme, le mot prolifère vers des "régions sémantiques" inattendues que seul le travail d'écriture peut faire converger dans une structure sémantique/ textuelle harmonieuse.

6.

Mot et production: dans son tâtonnement, ses collages, son bricolage verbal, l'auteur accorde aux propriétés morphologiques et aux associations sémantiques du mot une importance capitale, car c'est de celle-ci que découle l'engendrement du texte. Celui-ci s'effectue par une "écoute" des "qualités des rapports entre les signifiants choisis, qualités découlant des "propriétés des mots en tant que "noeuds de significations", selon l'expression de Lacan". (*Claude Simon*, colloque Cerisy, 1975). Simon n'oublie jamais d'évoquer la "théorie" onomastique proustienne: "le nom pour Proust, dit-il, c'est comme les pommes pour Cézanne: ce que j'appellerais un stimulus. A partir de là, il y a exploration de ses harmoniques" (J.van Apeldoorn, C.Grivel, 1979).

Corrélats: langage, morphologie du signe, historicité, métaphore, association et (des) propriétés.

Motivations de l'écriture
Voir : Ecrire (3)

Musicalité
Simon parle souvent, à propos de ses textes, de "musique du texte", de "rythmique", de "tempo", de "cadence" etc. Pour lui, écrire ne peut se faire que si et seulement si les suites textuelles s'ordonnent selon un certain rythme. "Il est impossible, dit-il, d'écrire si on n'est pas dans un certain tempo", et il confirme "oui, c'est tout

simplement impossible" avant de citer une phrase de Flaubert tirée de la correspondance de celui-ci avec Georges Sand: "pourquoi y a t-il un rapport nécessaire entre le mot juste et le mot musical? [...] La loi des nombres gouverne donc les sentiments et les images?.." La musicalité commande les formes et les effets du texte, car, explique l'écrivain, "on est souvent amené, uniquement par les nécessités (je dirais mêmes, les exigences) musicales de la phrase, à rejeter un mot que l'on croyait juste, ou, au contraire, à rajouter un mot qui, alors, s'avère juste!... Une phrase qui n'est pas "bien balancé" (que le rythme soit long, ou court, heurté ou sinueux, peu importe) est, ipso facto, sur le plan du sens, creuse." (*La Nouvelle Critique*, 1977; J.van Apeldoorn, C.Grivel, 1979). Par ailleurs, parlant de *La Route des Flandres*, Simon associe le serpentement de ses suites à une fugue de Bach (L.Dällenbach, *Claude Simon*, 1988). Enfin, la seule garantie qu'a l'écrivain d'écrire un texte d'une certaine valeur esthétique, c'est de répondre à des principes musicaux: "Rien n'est sûr ni n'offre d'autres garanties que celles dont Flaubert parle après Novalis: une harmonie, une musique" (Claude Simon, *Discours de Stockholm*, 1986). En somme, les textes de Claude Simon sollicitent toutes les facultés du lecteur et principalement son sens musical. Le texte simonien se lit autant avec les yeux qu'avec les oreilles.

Corrélats: magma d'images musicales, magma musical d'images, tempo, commencement et amorce, débuts, périodicité, travail de l'écrivain (8)

N

Narrateur/ personnage/ écrivain
1.

La question de *l'autobiographie s'est posée de façon régulière à propos des romans de Claude Simon. C'est pourquoi l'auteur, chaque fois qu'il en a l'opportunité, donne des précisions sur la relation roman / autobiographie, ou encore la relation personnage-narrateur-écrivain. "Il faut bien se rendre compte, dit-il, que s'il y a très évidemment des rapports entre moi-même et mes narrateurs, je ne suis cependant pas ces narrateurs, puisqu'il s'agit non pas de mémoires ou de souvenirs, mais de romans." (*Claude Simon*, colloque Cerisy, 1975).

2.

Par ailleurs, la narrateur simonien n'est pas ce narrateur-Dieu dont il se moque à propos de Malraux (*L'Express*, 5 avril 1962). Pour lui, "le narrateur naît de la rencontre de l'écrivain avec le langage qu'il travaille" (S.Sykes, 1979, lettre de l'auteur). En fait, et suivant la logique simonienne, le vrai narrateur, c'est le langage. En d'autres termes, "le romancier n'est pas cet "observateur privilégié" qui, dans le roman traditionnel, raconte une histoire dont il connaît les tenants et les aboutissants, omniscient et omniprésent. Il est, au contraire, aux prises avec un monde qui, sans cesse, "fait question". D'ailleurs la caractéristique de toute oeuvre littéraire est d'être polysémique et non pas univoque" (J.van Apeeldoorn, C.Grivel, 1979). Ce monde qui "fait question" est, bien entendu, le monde vécu par le biais du monde langagier.

Corrélats: témoignage, autobiographie, langage/ langue.

O

Objet
Voir : Décentrement

P

Participe présent

Le participe présent est l'une des caractéristiques stylistiques de l'écriture simonienne. Il correspond à une distribution des temps grammaticaux et de narration dans laquelle il indique la simultanéité des actes et des objets non seulement tels qu'ils sont vécus par le personnage, mais aussi tels qu'ils sont revécus mentalement par un narrateur.

En d'autres termes, le participe présent est un temps mental qui ne s'inscrit ni dans un présent, ni dans un passé, ni dans avenir. Il s'inscrit plutôt dans un présent de l'écriture, dans un mouvement de présence de la conscience à elle-même : " 'Georges entrant' , dit Simon, signifie 'J'imagine, ou je me souviens de Georges entrant'. Le fait n'est pas affirmé. Par contre, 'Georges entra', c'est une affirmation". (M.Alphant, *Libération*, 10 déc.1985).

Corrélats: vie mentale, simultanéité, roman phénoménologique

Paysage avec Orion aveugle

Ce tableau de Nicolas Poussin réalisé en 1658 est, pour Simon, une métaphore de son travail d'écriture: "C'est un tableau que j'ai toujours aimé; son titre complet, c'est "Orion aveugle se dirigeant vers la lumière du soleil levant." Et j'ai trouvé que c'est une image -comment dire, je n'aime pas le mot symbolique- mais enfin qui représentait assez bien ma démarche quand j'écris. Comme je l'ai dit dans la petite préface d'*Orion aveugle*, j'avance à tâtons, sans savoir exactement où je vais; vers un but que je ne distingue même pas très bien moi-même et que probablement on n'atteint jamais, puisqu'un livre est toujours, d'une façon ou d'une autre, une déception." (*Die Neueren Sprachen*, mai 1972).

Corrélats: tâtonnement, bricolage, mot.

Peinture

1.

L'iconique en général et la peinture en particulier sont pour l'auteur des champs de référence esthétique. Son écriture ne peut être saisie dans sa complexité en dehors de cette donnée: "J'ai voulu être peintre autrefois, dit-il [...] Peinture et photographie ont influencé mon oeuvre. J'écris mes livres comme on ferait un tableau. Tout tableau est d'abord une composition." (*Le Monde*, 26 avril 1967).

2.

Même si l'auteur s'appuie souvent, dans ses entretiens, sur comparaisons avec la peinture, il n'est pas moins conscient des différences qui existent entre les deux systèmes de "représentation". "En se gardant, dit-il, d'analogies dangereuses (l'écriture n'est pas la peinture, le pouvoir évocateur de la figuration picturale d'un corps est tout autre que celui de la description scripturale d'un corps, la peinture est surface, simultanéité, l'écriture est linéarité, durée, etc.)" (*Entretiens,* 1972). Et c'est pourtant ces différences qu'il essaie d'exploiter à des fins esthétiques. En effet, la peinture offre cependant à l'auteur un éventail de techniques qu'il essaie de transposer dans le champ scriptural, notamment les techniques du *collage et de focalisation.

Corrélats: plastique, collage, travail de l'écrivain, Dubuffet, Van Gogh, Bacon

Perception

Le mot "perception" est un mot-clé de l'univers romanesque de Claude Simon. Il fonde l'un de ses aspects phénoménologiques du roman simonien. Dans une formule qu'il érigera en principe esthétique, l'auteur parle de la fonction du roman comme étant celle de "rendre cette espèce de magma qui est notre vie mentale, la perception confuse, multiple et simultanée que nous avons du monde". Et il ajoute cette phrase qui éclaire directement la forme romanesque: "Tant de choses coexistent et s'interpénètrent dans notre conscience! Le point, la phrase courte, amènent des césures, coupent ce qui n'est pas coupé dans la réalité mentale." (*Le Monde,* 26 avril 1967). Ce qui intéresse Simon, ce n'est donc pas la perception pure mais la perception vécue de l'intérieur et dans son interaction avec les autres plans de la vie mentale: souvenir, imagination, oubli, etc. En d'autres termes, la perception, comme plan de la conscience, intéresse l'auteur par sa dimension temporelle: la simultanéité.

Corrélats: roman phénoménologique, réalisme

Périodicité

Le travail d'arrangement de permutation et de combinaison auquel se livre Simon pour ordonner son texte obéit à des lois musicales et donc mathématiques:

exposition des thèmes, reprise de l'un deux, mise en correspondance, parallélisme etc. Tout cela selon le principe de la périodicité: celle-là même que dictent les nécessités internes de la matière. Concernant cet aspect de l'écriture simonienne, Pierre Boulez le dit haut à l'auteur : "Votre grand problème, ce doit être la périodicité" (A.Armel, *Magazine Littéraire*, mars 1990), terme à prendre au sen musical, c'est-à-dire la régularité ou l'irrégularité d'apparition et de réapparition de certains motifs textuels (à quelque niveau qu'ils appartiennent). Cependant ce concept reste à définir de façon plus précise selon les vues de la musique sérielle.

Corrélats: musicalité, tempo, mathématique

Périodisation

Parlant de l'évolution de son écriture romanesque, l'auteur distingue généralement trois périodes. La première (qu'on pourrait qualifier de "réaliste" et qu'il renie d'ailleurs parce qu'elle se conforme, dans l'ensemble, aux principes d'écriture conventionnelle), va du *Tricheur* (1945) au *Sacre du printemps* (1954) en passant par *La Corde raide* (1947) et *Gulliver* (1952). *Le Vent*. Tentative de restitution d'un retable baroque (1957), est le lieu d'une transition vers la deuxième période: celle que la critique appelle "période centrale". Elle comprend les romans suivants: *L'Herbe* (1958), *La Route des Flandres* (1960), *Le Palace* (1962), *Histoire* (1967) et *La Bataille de Pharsale* (1969). Seulement Simon situe une rupture dans la dernière partie de ce dernier roman: "avec la dernière partie de *La Bataille de Pharsale*, dit-il, et avec *Les Corps conducteurs* (1971), c'est encore une autre rupture" (*N.R.H.A.*, t.2, 1972, p.116). Cette troisième période qui comprend également *Triptyque* (1973) et *Leçon de choses* (1975), est la période de formalisme pure. Enfin, une quatrième période commence avec *Les Géorgiques* (1981). Elle contient quatre autres romans: *La Chevelure de Bérénice* en 1984 (qui est la reprise du texte de *Femmes*), *L'invitation* en 1987, *L'Acacia* en 1989 et Le Jardin des Plantes en 1997. Bien entendu, cette périodisation ne prend pas en considération le contenu thématique des oeuvres (parce que d'un roman à l'autre, ce sont pratiquement les mêmes thèmes et les mêmes personnages qui reviennent), mais les techniques romanesques qui ne cessent d'évoluer. Cette périodisation impose néanmoins quelques nuances. Nous proposons, dans ce qui suit d'introduire ces nuances telles qu'elles sont développées par l'auteur lui-même.

1.

Première nuance: pour Simon, *Le Sacre du printemps* (1954) est un livre décisif puisqu'il correspond à un tournant: "C'est sans doute, dit-il, *Le Sacre du printemps* qui fait l'axe, le pivot autour duquel tout tourne, devient autre, cesse apparemment de ressembler à ce qui précède. Vous savez, cette mutation, c'est la maladie. J'ai vécu durant cinq mois allongé. Avec pour seul théâtre une fenêtre. Quoi? Que faire? Voir (expérience du voyeur), regarder avidement. Et se souvenir. La vue, la lenteur et la mémoire." (H.Juin, *Les Lettres Françaises*, 6-12 oct. 1960). Là est vraisemblablement le contenu de cette mutation: l'importance du voir, du visuel, de l'iconique qui va "envahir" toute la production suivante.

2.

Deuxième nuance: *La Bataille de Pharsale* (1969) est le lieu d'une nouvelle vision: une vision formelle: "*La Bataille de Pharsale* a été un livre important pour moi, parce qu'il a constitué un tournant, nettement. Et je suis reparti pour *Orion aveugle* et pour *Les Corps conducteurs* sur cette idée de forme, c'est-à-dire le présent de l'indicatif, des phrases très courtes, quelque chose de très abrupte. Cette idée de forme n'était pas gratuite d'ailleurs: c'est la vision, une certaine vision de l'Amérique et de New York, qui me l'a suggérée: cette espèce d'ensemble très vertical, de plans, d'angles, de choses très dures, nettes, sans fioritures." (*Die neueren Sprachen*, mai 1972).

Phénoménologie
Voir : Roman phénoménologique

Philosophie
Voir : Roman

Photographie
La photographie pour Simon est avant tout une expérience du temps: "La photographie, dit-il, m'a donné d'autres habitudes. Grâce à elle on fixe l'instantané, cette coupe dans le temps. Je ne vois pas tellement les choses en mouvement, mais plutôt une succession d'images fixes. Ajoutez à cela une particularité -peut-être un défaut- de ma vision: les images persistent longtemps sur ma rétine" (*Le Monde*, 26 avril 1967).Cette vision instantanée et cette perception découpée des choses expliquent en partie la nature et la structure de certaines des descriptions simoniennes. Rappelons, par ailleurs que l'auteur est lui-même "photographe amateur" (voir *Album d'un amateur*, 1988; *Photographies* 1992) : "J'ai toujours fait de la photo, dit-il à A.Armel, Avec des ambitions artistiques autrefois. Maintenant [..] seulement comme souvenirs ou documents" (A.Armel, *Magazine Littéraire*, mars 1990). Enfin, Simon a ses photographes préférés : Brassaï, Cartier-Bresson, Doisneau, Riboud et Denis Roche. (A.Armel, *Magazine Littéraire*, mars 1990).

Corrélats: peinture, simultanéité, voir (le)

Phrase
Le travail simonien de remise en cause du roman conventionnel a commencé par une déconstruction aussi bien de la syntaxe phrastique (et principalement la ponctuation) que de la syntaxe narrative. Cela s'entend, la nature de son projet ne peut se mouler dans les canons de la phrase "classique": "Je n'essaye pas de rendre, de décrire des pensées, mais de rendre des sensations. Or, la phrase (dans son organisation) convient fort mal à ce que je veux faire" (H.Juin, *Les Lettres Françaises,* 6-12 oct. 1960). C'est que l'ordre (ou le désordre) sensori-mnésique possède une syntaxe spatiale, planaire fondée sur la discontinuité et la contiguïté: "J'étais hanté par deux choses: la discontinuité,

l'aspect fragmentaire des émotions que l'on éprouve et qui ne sont jamais reliées les unes aux autres, et en même temps leur contiguïté dans la conscience. Ma phrase cherche à traduire cette contiguïté. L'emploi du participe présent me permet de me placer hors du temps conventionnel" (C.Sarraute, *Le Monde*, 8 oct. 1960). La phrase simonienne traduit donc la durée mentale qui est par définition intemporelle, puisqu'elle est spatialité pure.

Corrélats: planéité, plastique, roman phénoménologique, vie mentale, sensorialité, présent de l'écriture, fragmentation

Picasso, P.

Pour Simon, à propos duquel certains critiques ont parlé de "cubisme littéraire", la peinture de Picasso est "la peinture la plus 'réaliste' qu'on ait faite" (M.Alphant, *Libération*, 10 déc.1985). Son "réalisme" réside dans cette fragmentation des objets qui présente simultanément leurs diverses facettes telles qu'elles se présentent à la perception dans le temps. C'est la même démarche que suit Simon dans ses romans lorsqu'il juxtapose les divers "faits" d'un personnages, ou les divers aspects d'un objet décrit.

Corrélats: réalisme, représentation

Planéité

La notion de planéité relève d'une conception plastique de l'oeuvre. Celle-ci doit, selon Simon, essayer de dire la simultanéité des sensations, imaginations, perceptions, remémorations qui assaillent le corps presque hors durée. Ecrire, dans ce sens, c'est "décrire quelque chose qui n'est pas de la durée mais un paysage intérieur" (J.Senlis, *Clarté*, janv. 1961). Nous comprenons ainsi la référence systématique de l'auteur à l'art pictural. L'espace-temps mental où s'imbriquent dans la simultanéité les plans du souvenir, de la perception (principalement visuelle) et l'imagination scripturale. L'écrivain se place "hors du temps conventionnel", hors du temps des horloges pour "restituer" un temps intérieur et un "paysage intérieur" (C.Sarraute, *Cahiers du sud*, fév.-mars 1961).

Corrélats: mémoire, sens du monde, vie mentale, peinture, plastique, simultanéité

Plastique
1.
Simon cite très souvent des peintres et parle de la peinture quand il s'agit d'expliciter son projet romanesque. C'est que la peinture, plus que tout autre art, est le modèle à suivre. La spatialité de la toile offre au peintre des possibilités de création que l'écriture ne permet pas. Deux ordres s'opposent: un ordre de la successivité et de la linéarité (celui de l'écriture) et un ordre de la simultanéité et de la planéité (celui de la peinture). Ce dernier se prêterait mieux aux schémas compositionnels de Simon surtout quand il s'agit de rendre le fonctionnement de la mémoire. "Pour moi, dit-il, il ne s'agit pas du tout de traduire du temps, de la durée, mais de rendre du simultané. Dans la peinture aussi, le peintre doit ramener à deux dimensions un monde qui en a trois. En littérature, le problème est également de transposer une dimension dans une autre: traduire dans la durée, dans le temps, des images qui dans la mémoire coexistent" (*L'Express*, 10 nov. 1960). Les mots "temps" et "durée" sont ici synonymes de "successif" et de "linéaire". Ajoutons enfin deux remarques. La première est que Simon n'est pas étranger à la plastique puisqu'il a lui-même pratiqué la peinture avant de s'adonner à l'écriture; la deuxième est que le roman simonien utilise systématiquement non seulement des images picturales, mais encore toute sorte d'images (photographie, carte postale, bande dessinée, affiche, etc.). Trente ans plus tard, Simon réaffirmera: "Je conçois l'écriture comme une activité artistique". Et il ajoute : "Disons donc que pour moi les activités de "plasticien" et d'écrivain se confondent" (A.Armel, *Magazine Littéraire*, mars 1990).
2.
Les techniques mêmes de composition chez Simon relèvent du plastique. Parlant de *La Route des Flandres*, l'auteur s'explique sur son projet d'une "composition simultanée" et sur le "truc" plastique qu'il met à

contribution: l'attribution à chaque thème et à chaque personnage d'une couleur. "Et comme cela, commente-t-il, j'ai pu construire l'ensemble. Comme un tableau" (*N.L.*, 29 déc. 1960). C'est également un tracé géométrique qui offrira à Simon la structure de la narration de ce roman: "sa composition m'est apparue, dit-il, en songeant à la forme de l'as de trèfle qu'on ne peut dessiner d'un seul trait qu'en passant trois fois par le même point. Ce point dans *La Route des Flandres*, c'est le cheval mort vers lequel dans leur errance, les cavaliers reviennent trois fois de suite". (*Le Monde*, 26 avril 1967).

Corrélats: peinture, travail de l'écrivain, temporalité

Poésie
Voir : Roman
Ponctuation
Si le travail de déconstruction de la grammaire narrative du roman traditionnel a commencé, chez Simon, par une déconstruction systématique de la syntaxe phrastique, il est un aspect qui cristallise tout ce travail: la ponctuation. Cependant, au-delà de cette fonction "déconstructive", il y a, dans la ponctuation, une fonction qu'il appelle "symbolique". La suppression (progressive certes) des points est dictée par un choix esthétique: elle veut rendre le flux conscientiel et sensori-mnésique, c'est-à-dire cette continuité mentale: "J'ai essayé, dit-il, de donner un équivalent verbal de ce brouillard d'impressions semi-somnanbulique où tout se mélangeait, sans couper par des points qui auraient marqué des séparations dans quelque chose qui n'en avait pas" (M.Alphant, *Libération*, 31 août 1989). Quant aux deux points superposés, "pour moi, c'est un peu comme un rideau de théâtre qui s'écarte de chaque côté de la scène pour dévoiler un spectacle, et ainsi de suite. L'avantage est de ne pas rompre une certaine continuité, ce que fait le point." (Eribon, D., *Libération*, 29 août 1981). La ponctuation voudrait rendre non seulement le désordre mental, mais aussi le désordre du perçu: "Je n'ai pas pu mettre [dans *L'Acacia*] un seul point dans le chapitre où je décris la mort de mon colonel: là vraiment, c'était une telle

mélasse, c'était tellement informe et chaotique, que je pouvais tout juste placer des virgules! J'avais déjà raconté le même épisode dans *La Route des Flandres*, mais avec des points, c'est-à-dire des arrêts. Je trouvais que ça traduisait mal cette impression de débâcle infinie. J'ai voulu le reprendre différemment."

Corrélats: fragmentation, mémoire, roman phénoménologique

Poussin, N.
Voir : *Paysage avec Orion aveugle*
Présent de l'écriture
1.
"On n'écrit jamais que ce qui se passe au présent de l'écriture": cette phrase est un principe esthétique qui commande les formes et les contenus du roman simonien. Si l'on essaie d'énumérer tout ce qu'un tel principe contient, on pourrait parler de types et de plans de réflexivité:

1- dans le présent de l'écriture, le temps des horloges s'annule: on accède à une temporalité textuelle où il n'y a ni passé ni futur, mais passé et futur des formes textuelles qui s'engendrent les unes des autres;

2- dans le présent de l'écriture, il n'y a plus un "avant l'écriture" et un "après l'écriture": ni schéma d'écriture ni destinataire réel en fonction duquel (ou plutôt de son attente) le texte est écrit;

3- dans le présent de l'écriture, les mots deviennent le lieu de cristallisation de la mémoire (c'est-à-dire de l'histoire) des mots, de l'écrivain et de la société. Ils se proposent comme espace de fertilisation des potentialités "fictionnelles" contenues dans chacun des niveaux linguistiques (phonique, sémantique, figural, syntaxique, etc.);

4- dans le présent de l'écriture, confluent et s'interpénètrent l'écrit, le pensé, le senti, le perçu, le remémoré et l'imaginé. Bien entendu, seule la conscience de celui qui écrit peut rassembler dans une simultanéité vive tous ces plans du vivre. Mieux, le présent de l'écriture est, en fait, le présent d'une conscience écrivante qui se mime dans cet acte d'écriture; coïncidence du "percevoir", du "penser" et de l' "écrire" que l'auteur a mis du temps à comprendre: "j'ai mise un moment à comprendre que c'était cela, que l'on n'écrit jamais quelque chose qui se serait passé (ou pensé) avant que l'on se mette à écrire, mais ce qui se passe (se pense) au présent de l'écriture." (L.Dällenbach, *Claude Simon,* 1988).

5- enfin, le présent de l'écriture, est un présent éternel, ou plutôt, un présent atemporel, non mesurable, non identifiable quantitativement: dans la conscience, tous les temps (passé, présent, futur) se fondent dans ce présent conscientiel et scriptural. *Ecriture de la conscience* et *conscience écrivante* sont les termes d'une temporalité mentale, analysable phénoménologiquement.

2.

Dans son *Discours de Stockholm,* Simon fait une sorte de synthèse de tous ces aspects. En effet, parlant des méandres de l'écriture, il met l'accent sur cette a-temporalité conscientielle faite principalement d'images, c'est-à-dire d'un temps spatial fonctionnant par contiguïté et par associations qualitatives: "le chemin suivi, dit-il, sera alors, on s'en doute, bien différent de celui du romancier qui, à partir d'un "commencement", arrive à une "fin". Cet autre, frayé à grand-peine par un explorateur dans une contrée inconnue (s'égarant, revenant sur ses pas, guidé -ou trompé- par la ressemblance de certains lieux pourtant différents ou, au contraire, les différents aspects du même lieu), cet autre se recoupe fréquemment, repasse par des carrefours déjà traversés, et il peut même arriver (c'est le plus logique) qu'à la fin de cette investigation dans le présent des images et des émotions dont aucune n'est plus loin ni plus près que l'autre (car les mots possèdent ce prodigieux pouvoir de rapprocher et de confronter ce qui, sans eux, resterait épars dans le temps des horloges et l'espace mesurable), il peut arriver que l'on soit ramené à la case de départ, seulement plus riche d'avoir indiqué quelques directions, jeté quelques passerelles, être peut-être parvenu, par l'approfondissement acharné du particulier et sans prétendre avoir tout dit, à ce "fonds commun" où chacun pourra reconnaître un peu -ou beaucoup- de lui-même" (Claude Simon, *Discours de Stockholm*, 1986). Ce temps d'images est donc un temps conscientiel tout en étant un temps scriptural. Il constitue une sorte d'archétype archaïque, un "fonds communs" que chacun porte en lui et que dévoile l'écriture. En un mot, le présent de l'écriture, ce "présent d'images" est un temps phénoménologique saisissant la conscience de l'Homme dans un acte de langage.

Corrélats: réflexivité, vie mentale, voir (le), roman phénoménologique, mémoire

Pronoms

Dans un commentaire de *La Route des Flandres*, Merleau-Ponty souligne, concernant l'utilisation des pronoms personnels par Claude Simon qu'"on ne lit plus Je ou Il. Il naît des personnes intermédiaires, une 1ère 2ème personne, des modes intermédiaires (participe présent à valeur de simultané)". Pour l'auteur, cet amalgame pronominal correspond à une façon de percevoir le monde: "Pour *Les Géorgiques* et *L'Acacia*, le "il" m'a paru convenir et correspondre à ma façon (confuse) d'être au monde [...], ou plutôt de percevoir les choses" (A.Armel, *Magazine Littéraire*, mars 1990). Façon toute phénoménologique à lire l'analyse que Merleau-Ponty lui a réservée dans son cours au Collège de France en 1961.

Corrélats: roman phénoménologique,

Proust, M.

C'est un lieu commun de dire que l'oeuvre de Simon est le prolongement direct de l'oeuvre de Proust (et de Faulkner). Deux aspects découlent de cette filiation: l'importance accordée à la mémoire et la description comme facteur générateur du texte. Sur ce dernier point Simon s'explique de la manière suivante: "ce que j'ai tenté [...], c'est de pousser encore le processus amorcé par Proust, et de faire de la description (autrefois ornement-parasite, même aux yeux de certains) le moteur même, ou si vous préférez le générateur de l'action, de sorte que la fiction ainsi produite en devienne, dans une certaine mesure, justifiée (ou plutôt motivée) et perde en même temps son caractère arbitraire et impérialiste puisque, montrant elle-même ses sources, son mécanisme générateur, elle se dénonce sans cesse comme fiction au fur et à mesure de sa production". (*La Nouvelle Critique*, 1977).

Corrélats: description, mémoire

Q

Questionnement (l'écriture comme)

Voir : Sens du monde / sens du texte, Roman phénoménologique, Ecrire, "Comment était-ce?"

R

Rauschenberg, R.

Ce peintre américain a eu une influence notable sur l'auteur. *Les Corps conducteurs* est entièrement composé à partir "de la considération [...] des propriétés du grand tableau de Robert Rauschenberg intitulé *Charlène*" (*N.R.H.A.*, t.2, 1972). Dans un entretien avec L.Dällenbach, Simon déclare: "Je me sens très près de ce peintre" et plus loin: "J'y ai senti [dans les travaux de Rauschenberg] quelque chose d'analogue à ce que j'avais essayé de faire". Il explique ensuite comment il a intégré ces travaux dans ses écrits. (L.Dällenbach, *Claude Simon*, 1988).

Corrélats: considération.

Réalisme

1.

"Le mot réalisme me gêne. J'aperçois si mal la réalité...et dès qu'elle est transcrite, c'est une autre réalité de mots, de langage, qui obéit à ses propres lois" (*Le Monde*, 26 avril 1967). Si la réalité change dans / par la conscience qui l'interroge, le langage, lui, fait à son tour, subir des transformations qu'imposent sa logique interne. Le réalisme est, dans cette optique, une notion esthétique qu'il faut, soit complètement occulter, soit redéfinir en fonction des spécificités du texte simonien. On pourrait, par exemple parler de "réalisme phénoménologique". D'ailleurs, pour l'auteur, "Balzac non plus n'est pas "réaliste" en ce sens que le réalisme n'existe pas". Et il ajoute que "sur ce point, le mot absolument génial de Magritte (et qu'on devrait faire inscrire au fronton de toutes les universités et de tous les musées) résume tout: 'Ceci n'est pas une pipe' " -titre d'une des toiles du peintre et qui "représente" justement une pipe. (J.van Apeldoorn, C.Grivel, 1979).

2.

Le mot "réalisme" est un mot piège, car "la réalité, personne ne peut la dire. C'est un mythe. Ca supposerait qu'on dise tout, ce qui est bien évidemment impossible. Dans un livre d'anatomie, vous pouvez trouver la description détaillée et complète d'un os d'un tibia, par exemple, et c'est d'ailleurs assez fascinant. Mais cette description ne donne pas à voir. Or, c'est là le but de l'art" (M.Alphant, *Libération*,10 déc.1985). L'art ne copie pas la réalité. Il donne à voir. Le "voir" ici n'est pas la perception pure et simple de la surface de l'objet représenté, mais son essence telle qu'elle se constitue dans la conscience de l'homme avec ses connaissances, son vécu, sa mémoire, son imagination et les associations qui les suscite.

3.

Ce que l'auteur reproche au réalisme c'est une double disparition: la disparition de l'écrivain et la disparition du travail d'écriture: "Si la personne de l'écrivain est abolie (il doit "s'effacer" derrière ses personnages), son travail l'est aussi, ainsi que le produit de celui-ci, l'écriture elle-même: "Le meilleur des styles est celui qui ne se remarque pas", a-t-on coutume d'écrire, en rappelant la célèbre formule qui veut qu'un roman ne soit qu' "un miroir promené le long d'un chemin": une surface plane, unie, sans aspérités, sans rien d'autre, derrière une mince plaque de métal poli, que ces images virtuelles qu'il renvoie indifféremment les unes après les autres, objectivement -en d'autres termes: "Le monde comme si je n' étais pas là pour le dire", selon la formule de Baudelaire définissant ainsi ironiquement le "réalisme"." (Claude Simon, *Discours de Stockholm*, 1986).

Corrélats: langage, représentation, débuts, voir (le).

Réalité
Voir : Représentation

Référent
Pour Simon, le "référent" est un mot dangereux, à mettre entre guillemets : "Les 'référents' d'une nature morte de Cézanne, dit-il, sont des pommes et un pichet sur une table. Cependant, ce n'est pas cela qui importe: c'est la façon dont il les peint. Et quand je dis "la façon dont il les peint", je ne parle pas là d'une plus ou moins grande "ressemblance" ou "vraisemblance", d'identité d'aspect entre l'objet réel et l'objet peint [...] mais du rôle assigné par Cézanne à ces objets dans sa composition. On retombe toujours sur cette illusion de la représentation découlant du roman réaliste". En fait, le seul référent qui existe c'est le référent textuel, c'est-à-dire celui qui s'élabore à l'intérieur du texte et qui prend sa valeur (au sens saussurien du terme) à l'intérieur du système scriptural, pictural ou musical. Et pour Simon la meilleure définition du référent, c'est celle donnée par Mallarmé: "Je dis fleur! et, hors de l'oubli où ma voix relègue aucun contour, en tant que quelque chose d'autre que les calices sus, musicalement se lève, idée même et suave, l'absente de tous les bouquets". (J.van Apeldoorn, C.Grivel, 1979).
Corrélats: représentation, témoignage, réalisme

Réflexivité
Le concept de réflexivité peut à lui seule résumer et condenser toute l'esthétique et la poétique de Claude Simon: réflexivité de l'écriture (autoproduction, autoreprésentation et autoréception: "le roman doit être un jeu de miroirs internes", dit Simon) et réflexivité de la conscience (retour de la conscience sur elle-même qui fait que le roman "mime" ce qui se passe dans le corps et la conscience de celui qui écrit) sont, en fait les deux grands pôles qui ordonnent le texte simonien. Concernant le premier type de réflexivité, Simon parle du travail de l'écriture comme bricolage "qui consiste à assembler et organiser, dans cette

unité dont parle Baudelaire et où doivent se répondre en échos, toutes les composantes de ce vaste système de signes qu'est un roman". Concernant le deuxième type de réflexivité, l'auteur cherche à "rendre la vie mentale". (*N.R.H.A.*, t.2, 1972). Mais les deux réflexivités sont elles-mêmes fondées sur la réflexivité du langage: le langage comme une systémique mathématique et musicale où les éléments renvoient les uns aux autres en révélant les logiques qui sous-tendent les choses du monde sensible. Et c'est à ce propos que Simon cite Novalis qui, déjà à la fin du siècle des Lumières, "énonçait avec une étonnante lucidité cet apparent paradoxe qu' "il en va du langage comme des formules mathématiques: elles constituent un monde en soi, pour elles seules; elles jouent entre elles exclusivement, n'expriment rien sinon leur nature merveilleuse, ce qui justement fait qu'elles sont si expressives que justement en elles se reflète le jeu étrange des rapports entre les choses" ". (Claude Simon, *Discours de Stockholm*, 1986).

Corrélats: langage, roman phénoménologique, vie mentale, engagement

Regard

Le regard est un mot-clef dans l'esthétique simonienne. Nous nous contenterons ici de rappeler l'importance de l'expérience picturale de l'auteur, sa connaissance et de l'histoire de la peinture et de ses différentes techniques; la prédominance de la description dans ses romans, l'iconicité de ces descriptions; l'utilisation presque systématique de stimuli visuels (tableaux, photographies, cartes postales, bandes dessinées, affiches etc.) et de techniques picturales et de montage cinématographique; sans oublier bien sûr la présence significative du regard en tant que technique de narration et en tant que thème. On pourrait avancer que le roman simonien ne peut se lire qu'en partant de cette visualité généralisée: tout se réduit à des images: perceptions, sensations, souvenirs. En outre, la métaphore (tout comme la musicalité) est le moteur du processus scriptural; ne définit-il pas d'ailleurs l'art comme une production qui doit "donner à voir" (M.Alphant, *Libération*, 10 déc.1985). Cela s'explique en partie. Si l'on relit, en effet, tous les entretiens de l'auteur, on remarquera cette présence forte de discours visuel, mais aussi cette idée de vécu par le regard. A maintes reprises, parlant de son expérience de la guerre, et devant l'absurdité de celle-ci et peut-être l'incapacité de l'arrêter, Simon se contente de se dire "Regarde!". "C'est mon côté voyeur, dit-il" avant d'ajouter: "Quand prisonniers, on traversait la Belgique à pied, crevant de faim dans un état lamentable, je me disais tout le temps: regarde, c'est intéressant. Je vous assure que cela permet presque d'oublier les souffrances. Se répéter sans cesse "regarde bien", m'a souvent sauvé" (A.Clavel, *L'Evénement du jeudi,* 31août-6 sept. 1989). Même réaction lors de son voyage en ex-URSS. A la question "Que faisiez-vous dans ces circonstances où il ne se passe rien?", l'auteur répond: "Je regarde. Je ne m'ennuie jamais? Car en fait, si l'on est attentif, il se passe toujours quelque chose. Je ne prends jamais de notes. Il faut faire confiance à ce que Proust appelle mémoire involontaire, elle sélectionne." Et il ajoute plus loin: "En URSS, pendant ce voyage, je ne me suis pas ennuyé une minute, même pendant les heures d'attente. Je regarde. L'attente fait partie des curiosités à observer.." (M.Alphant, *Libération*, 6 janv. 1988). En somme, ce que Simon nous livre dans ses romans, c'est (le cours de Merleau-Ponty est incontournable à ce propos) une sorte de phénoménologie du visible et de l'invisible.

Corrélats: débuts, voir (le), roman, roman phénoménologique.

Représentation
1.

Représentation n'est pas présentation, c'est ainsi que nous pouvons résumer la réflexion de Simon sur le roman moderne en particulier et l'art moderne en général. Pour lui, "en ce moment le roman se trouve dans une période de son évolution assez semblable à celle qu'a traversé la peinture dans la seconde moitié du siècle dernier, c'est-à-dire lorsque celle-ci a cessé de raconter ou de représenter des événements (*Enlèvement des Sabines, Noces de Cana* ou *Massacres de Scio*) pour entreprendre de présenter sans justification que lui-même un objet pictural. Ce que Cézanne ou Van Gogh nous ont montré à l'évidence c'est que, sauf dans les mauvais ou les médiocres tableaux pour lesquels la seule référence est la ressemblance, un personnage peint ne nous renvoie pas à quelque modèle "représenté" (que l'on compare le "portrait" d'Ambroise Vollard par Renoir et celui qu'en a fait Cézanne) mais seulement à lui-même" (*N.R.H.A.*, t.2, 1972). L'oeuvre d'art cesse donc d'avoir comme fonction la représentation et la référentiation pour devenir le lieu d'une auto-représentation et d'une auto-référentiation.

2.

Le problème de la représentation et plus généralement le problème du rapport littérature / réalité est l'un des points sur lesquels la réflexion de Simon s'est centrée dès ses débuts. Bien que l'acte d'écriture soit situé dans un présent historique qui détermine directement ou indirectement les formes et les contenus de l'oeuvre écrite, la littérature ne "redouble pas [la réalité], ne la conjure pas, ne la récupère pas. Proust n'a jamais retrouvé le "temps perdu": il a produit quelque chose, un texte (qui a sa propre temporalité), des sens, des lieux, des personnages qui n'existaient pas avant qu'il les écrive ." (*Claude Simon,* colloque Cerisy, 1975) En d'autres termes, la littérature construit la réalité, *une* réalité. Elle se représente elle-même plus qu'elle ne représente. En outre, pour Simon, le problème de la représentation de la réalité est indissociable du phénomène de l'intertextualité (voir "intertextualité"), car la dimension "référentielle" de l'écriture entre déjà dans sa dimension scripturale. (*La Nouvelle Critique*, 1977).

3.

A la représentation de la réalité, il faut, selon Simon, substituer la formule "invention de la réalité". L'anecdote de Stendhal est édifiante à ce propos: voulant décrire une scène à laquelle il avait assisté à Saint Bernard, Stendhal s'est rendu compte qu'en fait il décrivait une gravure qu'il avait vue quelques années auparavant. Simon pousse cette réflexion jusqu'au bout. Pour lui Stendhal n'avait même pas décrit cette gravure mais "quelques uns seulement de ses éléments qu'il choisissait, sélectionnait, ordonnait (consciemment ou non), et que par conséquent il ne reproduisait ni la gravure ni l'événement lui-même, mais produisait (ou si vous préférez, pour employer, comme Aragon, la terminologie de Marx, inventait) un événement encore plus différent de la "réalité" qu'en était elle-même la gravure et qui, dans le moment où il écrivait, c'est-à-dire au présent de l'écriture, 'prenait la place' et de la gravure, et de l'événement..." (*La Nouvelle Critique*, 1977; J.van Apeldoorn, C.Grivel, 1979), lire aussi: Claude Simon, *Discours de Stockholm*, 1986).

Corrélats: "Ecrire" (3), témoignage, idéologie, intertextualité

Révolution

"Révolution: mouvement d'un mobile qui, parcourant une courbe fermée, repasse successivement par les mêmes points". Cette phrase mise en exergue à l'un de ses romans, décrit un processus de l'écriture simonienne qui consiste à reprendre périodiquement un même thème ou un même élément narratif pour le développer selon une perspective légèrement différente des précédentes. Cette répétition variée du même motif introduit dans le récit simonien le thème nietzschéen de l'éternel retour du même et, compositionnellement, une réflexivité structurelle qui fait que le tout répète la partie et inversement. Ajoutons que cette révolution se fait toujours selon les nécessités qu'exige le *tempo* de l'écriture. (*L'Express*, 5 avril 1962).

Corrélats: tempo, réflexivité

Ricardou, J.
Voir : Théorie/ pratique (4)

Roman
1.

Pour Simon le roman est "le plus accompli de tous les genres littéraires. Poésie, philosophie, plastique. Il contient tout" (*N.L.*, 7 nov.1957). Il permet donc de "communiquer le maximum", c'est-à-dire le maximum d'idées, d'images et de sensations. Mieux encore, il permet à l'écrivain de découvrir et de comprendre l'Homme et le monde par le biais de l'écriture.

2.

Le roman est également un "instrument de connaissance". "Ecrire, dit-il, me semble être un nouveau moyen de connaissance, car cela consiste essentiellement à établir des rapports entre les choses" (*L.F.* 12-18 mars 1959; *N.L.*, 29 déc. 1960). En d'autres termes, c'est la mise en rapport des choses, habituellement inconciliables, qui révèle des aspects cachés de la réalité et des sens insoupçonnés. L'on comprend à présent Simon lorsqu'il affirme que c'est dans / par l'écriture qu'il découvre et comprend la réalité.

3.

Le roman se définit également à partir de la conception que le romancier se fait de son travail. Aussi, Simon affirme-t-il que "le romancier est comme un homme arrivé en haut d'une côte et qui regarde le chemin parcouru" (*L.N.*, 19-25 janv. 1961). L'écriture est exploration de cette double optique physique et mnésique.

4.

"L'art du roman exclut toute continuité" (Novalis). Simon trouve dans cette citation du romantique allemand la confirmation de la conception qu'il se fait du roman et de ses techniques d'écriture. La fragmentation, la discontinuité, doivent être la caractéristique première du genre romanesque. Un roman linéaire, continu (tel le roman classique) est pure artifice. La discontinuité, si le roman s'attache à explorer le monde et la vie tels qu'ils se proposent au corps de l'écrivain et à sa conscience, devient incontournable. Elle doit être érigée en principe esthétique fondamental (Voir aussi *fragmentation).

5.

"Le roman se fait, je le fais, il me fait" (*L.F.*, 13-19 avril 1967). Par cette phrase brève, Simon résume son esthétique: une esthétique fondamentalement réflexive. Le roman se fait parce que, pendant l'acte d'écriture, le langage, ou plutôt une mémoire langagière et textuelle, développe, par des mécanismes purement associatifs (harmoniques), les potentialités qu'il contient. L'écriture a une logique que l'écrivain ignore mais qu'il ne rejette pas, bien au contraire. "Je le fais": phrase qu'il il ne faut pas comprendre dans le sens classique où l'auteur sait les tenants et les aboutissants de ce qu'il écrit. Le "faire" a ici la signification de "facture", de bricolage (voir ici-même *bricolage). En fait, l'homme écrivain n'est qu'une sorte de médium que traversent les propositions du langage lui-même et sa mémoire. "Il me fait": par la mobilisation de son expérience du vécu, le romancier apprend à connaître le monde dans lequel il vit et apprend à se connaître soi-même.

6.

"Il y a la traditionnelle définition du roman comme miroir promené le long d'un chemin dans lequel se reflètent tous les événements successivement. Je verrais plutôt le roman comme une grande glace dans laquelle se refléteraient à la fois tous les tournants, tous les angles, tous les événements, toutes les fleurs au bord du chemin, etc." (J.van Apeldoorn, C.Grivel, 1979). En fait, ce qui distingue, le roman stendhalien du roman simonien, c'est le respect de la successivité et de la loi de causalité par le premier, et la recherche de structures aptes à rendre la simultanéité des contenus vécus, par le deuxième.

Corrélats: poésie, philosophie, plastique, forme et (de la) vérité, sens du monde.

Roman phénoménologique
1.

Nous appelons ainsi le roman simonien parce qu'il repose, dans sa thématique et dans sa structuration, sur l'articulation de la parole, de la *mémoire / *conscience et des sensations-perceptions du corps. L'auteur le répète souvent (voir ici-même: *mémoire, *sensorialité, *roman), "je suis un concret", ou encore "je suis un sensoriel". Parlant du *Palace*, Simon affirme son intention de "décrire des odeurs, des sensations tactiles, des émotions", et il ajoute "j'aime faire traduire en mots, en langage, ce que Samuel Beckett appelle le "comment c'est". Ou plutôt le "comment c'est maintenant", comment c'est désormais dans ma mémoire". Ce qui compte, pour le narrateur simonien, c'est le fonctionnement scriptural de la conscience: celle-ci englobant aussi bien cette mémoire "volontaire" mais déroutante et lacunaire que la "mémoire involontaire" du corps. Celle-ci est, pour l'auteur "la seule vraie", c'est-à-dire "la mémoire des muscles". Et il ajoute "Vous savez, les jambes, les bras sont pleins de souvenirs engourdis". (*L'Express*, 5 avril 1962).

Enfin, il ne faut pas entendre le mot "phénoménologique" dans quelque sens strict de l'usage philosophique. Simon ne procède pas à l'application de tel ou tel "système" philosophique husserlien, sartrien, heideggerien, ou merleau-pontien ou autre. Bien au contraire, nous pensons que Simon est parvenu à construire une vraie démarche phénoménologique qui articule la question de l'Etre avec le langage, la conscience, Autrui, l'Histoire et la connaissance du monde. Cela dit, nous ne saurions occulter les similitudes interrogeantes entre ces différents systèmes et les écrits simoniens

2.

La dialectique moi / soi s'impose d'elle-même lorsqu'on aborde l'univers romanesque de Simon. D'elle découlent aussi bien des problèmes d'ordre générique (roman, autobiographie, Histoire) que des problèmes d'ordre philosophique. Lorsque l'auteur affirme, par exemple: "imaginer l'histoire des autres c'est donc encore se souvenir de soi" et plus loin: "le monde se reflète en nous" (*L.F.*, 13-19 avril 1967), c'est la problématique phénoménologique de l'Etre qu'il pose. Car, en définitive, c'est l'ensemble des questions discutées par ces systèmes philosophiques, qui est mis à contribution: le soi, le monde physique, le temps, la perception, la mémoire, le corps, le langage, l'espace, l'Histoire, le moi et Autrui etc. Ecrire le moi, c'est, aux yeux de Simon, tenter d'atteindre l'essence du monde et de l'autre dans la conscience écrivante-méditante-interrogeante d'un "je".

3.

Cette dimension d'une conscience (d'une écriture) interrogeante prend forme définitive dès 1976. Le questionnement de l'être du monde et des choses est ce qui importe désormais pour l'auteur: "le travail de l'écrivain, tel que je le conçois, c'est-à-dire, essentiellement basé sur une combinatoire, aboutit à la production (et non à l'"expression') de sens pluriels dont aucun n'est explicité. L'écrivain dit le monde et les choses ou plutôt "UN monde et DES choses": il ne les explique pas. L'aboutissement de son travail est essentiellement une mise en question". (*Le Figaro Littéraire*, 3 avril 1976).

4.

Répondant à une question sur sa réputation d'écrire des romans abstraits, Simon répond comme suit: "Si je devais me définir, je dirais que j'essaie d'être le plus concret possible et dans l'intention et dans le bricolage, la façon de travailler. Je ne suis pas croyant. Le monde m'intéresse en tant que tel: un papillon, la mer, une femme, un cheval." (M.Alphant, *Libération*, 10 déc.1985). Sa "philosophie" ne vise donc pas l'élaboration d'une métaphysique, mais de réfléchir la chose même, dans sa concrétude, telle qu'elle se présente à la conscience interrogeante de l'écrivain au moment où il écrit.

5.

Si l'auteur rejette la crédibilité traditionnelle fondée sur le vraisemblable et sur une causalité extérieure, c'est parce qu'il ne croit pas à l'omniscience du narrateur, ce *deus ex machina*. La *crédibilité compositionnelle (la causalité intérieure fondée sur les qualités des mots) est soutenue par une logique sensitive qui instaure le même type de rapports entre les éléments: l'ordre des qualités des mots et "l'ordre sensible des choses" (Claude Simon, *Discours de Stockholm*, 1986; souligné par Simon) vont de pair. Les mêmes rapports qualitatifs d'assonance, d'association, d'harmonie, de contraste, d'opposition ou de dissonance lient aussi bien les mots que les choses, les sensations que les réminiscences.

Corrélats: sensorialité, mémoire, travail de l'écrivain (le); sens du monde/sens du texte; questionnement (l'écriture comme), crédibilité compositionnelle

S

Sacrifice et forme romanesque

Parlant de l'art en général et du roman en particulier, Simon lie le travail d'écriture à la procédure nécessaire de sacrifice. Pour lui, écrire un roman est un processus de mise en forme qui met à contribution différents arts et genres littéraires et non littéraires en vue de "communiquer le maximum" d'idées, d'images et de significations sur l'Homme et la réalité. Mais "comment mettre en forme sans sacrifier? s'interroge-t-il? L'objectif est donc "d'arriver à une forme romanesque qui permette de sacrifier le moins"(*N.L.*, 7 nov.1957)

Corrélats: roman

Sens

Voir : Sens du monde / sens du texte, Roman phénoménologique

Sens du monde, sens du texte
1.

Dans une conférence faite en 1961 et intitulée "Signification, roman, chronologie", Simon tente de situer le roman -son roman- par rapport au roman traditionnel et par rapport à deux notions importantes, l'une "philosophique" (le sens), l'autre technique (la chronologie). Par rapport à la première Simon avance que "si le monde signifie quelque chose, c'est qu'il ne signifie rien." De ce fait, Il n'attend "de la vie que la vie même", c'est-à-dire "ce qui continue d'exister dans ma mémoire". Vingt-quatre ans plus tard, dans son *Discours de Stockholm*, l'auteur redira exactement la même chose, à savoir qu'à l'âge de soixante-douze ans "je n'ai [...] découvert aucun sens à tout cela [c'est-à-dire à son vécu], si ce n'est, comme l'a dit, je crois, Barthes après Shakspeare, que "si le monde signifie quelque chose, c'est qu'il ne signifie rien" -sauf qu'il est". (Claude Simon, *Discours de Stockholm*, 1986)).

Ecrire un roman, c'est, donc, rejoindre la vie par le biais détourné du souvenir, non pas en vue de chercher, donner une signification ultime à cette vie ou à ce monde vécu par la mémoire, mais tout simplement pour "en comprendre le sens". A la signification, s'oppose donc le sens. Il faut, aux yeux de Simon, bannir la signification (une, uniforme, orthodoxe) et chercher le sens de la vie, du monde, du roman (de la mémoire), chercher cet essentiel qui se cache dans la chose concrète, vécue. Car, "si l'objet écrit existe en soi, il sera automatiquement en rapport avec le monde. L'oeuvre d'art sera en rapport avec la vie si sa signification n'est pas affirmée. Comme l'a dit Barthes, le sens d'une oeuvre d'art n'est pas fermé, mais tremblé". La sensorialité, la concrétude, la recherche du sens de l'être-dans-le-monde fondent la dimension phénoménologique du roman.

Quant à la deuxième notion, purement technique celle-la, Simon affirme que "dans la littérature non signifiante [entendez, une littérature qui ne cherche pas à transmettre une signification] la logique exclut la chronologie". Autrement dit, la chronologie linéaire du roman traditionnel est remplacée par une temporalité qui mime le fonctionnement interne de la mémoire, "et s'il y a des "trous" ce sont ceux de la mémoire". Au souci d'un sens du monde appréhendé dans la mémoire écrivante, s'ajoute le souci d'une forme de temporalité qui est, au fond, une intemporalité. L'intemporalité est l'autre nom de la spatialité ou de la planéité. Lire *planéité et *plastique. (*L'Express*, 12 janv. 1961; *L.N.*, 19-25 janv.1961; *Le Monde*, 8 mars 1967).

2.

En 1974, Simon précise davantage sa réflexion: le sens du monde s'élabore, certes, à partir et dans la pratique scripturale, mais aussi en regard d'un certain vécu: "j'ai vécu un certain nombre d'expériences: révolution, guerre, captivité, faim, travail physique, maladie, perte d'êtres chers, amours heureuses ou malheureuses, voyages, etc., et si j'en ai retenu quelque chose c'est bien, comme l'a dit Robbe-Grillet, que le monde n'est ni signifiant ni absurde mais que, simplement, il est." (*Claude Simon*, colloque Cerisy, 1975). Ecrire est donc écrire ce qui est : l'Etre de l'être.

3.

Deux années plus tard, Simon va plus loin dans sa réflexion et oppose à la notion de sens celles de "polysémie", d' "équivoque" et d' "ambiguïté". L'écriture a désormais une fonction précise: le questionnement du monde et des choses. "A l'idée d'un sens qui se dégagerait d'un roman, c'est-à-dire d'un message délivré par le moyen d'une fiction, donc pré-existant à l'écriture, j'opposerai les notions de polysémie, d'équivoque ou d'ambiguïté -ce que Barthes a appelé "sens tremblé" par opposition au sens fermé" (*Le Figaro Littéraire*, 3 avril 1976). Polysémie, équivoque, ambiguïté et sens tremblé qui sont, en fait, à l'image du questionnement du monde, car l'écriture est interrogation et non l'affirmation d'un sens.

Corrélats: sensorialité, témoignage, travail de l'écrivain (le), questionnement (l'écriture comme)

Sens institué/ sens produit /non-sens
1.

Si l'auteur part en guerre contre cette "mode du non-sens" qu'il qualifie d'ailleurs de "ridicule", c'est parce que, pour lui, "tout, toujours a un sens: dessiner avec des droites plutôt qu'avec des courbes, choisir un bleu plutôt qu'un rouge, opter pour telle ou telle cadence de phrases, pour le passé simple ou le passé de l'indicatif... Ce qu'il est important de bien distinguer, c'est entre *sens institué* et *sens produit*. Et de ne pas confondre, non plus, sens avec explication ou didactisme". Cette distinction rejoint, bien entendu, la dichotomie que nous avons établie ailleurs entre *événement perçu/ événement écrit, ou encore, réalité vécue/ réalité produite. (*La Nouvelle Critique*, 1977; lire aussi: A.Poirson, *Révolution*, 22 janv. 1982).

2.

Dans un parallélisme qu'il établit entre l'évolution de la peinture et celle de la littérature, Simon en arrive à la distinction *sens exprimé / sens produit*. En effet, si l'art pictural chrétien avait pour fonction l'édification des fidèles, c'est-à-dire la transmission d'un message religieux clair, les formes de ce message étaient fixées: les fidèles comprenaient mais ne voyaient pas. Seulement le besoin de faire participer le spectateur à l'événement raconté a exigé une révision de la forme de ces messages: révision qui a progressivement donné de l'importance au vu, à l'harmonie du message. Et Simon de conclure: "ainsi, à la suite d'une lente évolution, la fonction du peintre s'est trouvée en quelque sorte inversée et le savoir ou, si l'on préfère, le sens est passé d'un côté à l'autre de son action, la précédant dans un premier temps, la suscitant, pour, à la fin, résulter de cette action même, qui va non plus exprimer du sens mais en produire".(Claude Simon, *Discours de Stockholm*, 1986). Ce qu'il revendique donc pour la littérature, c'est une *crédibilité non pas du raconté, du sens, mais de la composition.

Corrélats: sens du monde, sens du texte, représentation, expression versus production, crédibilité compositionnelle,

Sensorialité

Simon se définit comme un "sensoriel". "Je suis très concret" dit-il. Ce trait de caractère éclaire bien non seulement la thématique simonienne axée principalement sur la nature et la terre, mais encore son traitement phénoménologique. Ce qui compte dans le description simonienne c'est non pas de copier la chose perçue mais d'extraire son essence fondamentale: dans un chat il ne faut pas voir un animal doté d'un certain nombre de caractéristiques physiques, mais une essence faite de mouvement et d'immobilité, c'est-à-dire, en dernière analyse, le temps. Par ailleurs les personnages simoniens semblent enfermés dans la sensorialité excessive de leur corps.

Bougeant peu, le monde se distille à travers les pores de leurs sens. (*N.L.*, 29 déc. 1960).

Corrélats: mémoire, signification du monde, roman phénoménologique

Simultanéité
1.

A la question posée par M.Chapsal à propos de *La Route des Flandres*: "Vous percevez votre livre comme un instantané?", Simon répond "Absolument. Toutes ces choses me viennent ensemble. Par bouffées.; le problème qui se posait était: comment les organiser?". Plus loin, il ajoute "Je voulais une composition simultanée" (*L'Express*, 10 nov. 1960). Ainsi, la simultanéité que Simon tente de rendre par des procédés scripturaux s'origine non seulement dans la nature du raconté mais aussi et surtout dans la conscience de l'écrivain. Autrement dit, le texte produit ne se dissocie jamais de l'acte et de la conscience qui lui ont donné forme. La simultanéité est simultanéité d'une conscience saisie au présent de son mouvement scriptural. (lire aussi: *N.L.*, 29 déc.. 1960; J.van Apeldoorn, C.Grivel, 1979)

2.

Comment rendre cette simultanéité? Pour Simon, le modèle à suivre est la peinture, car "la peinture a une grande supériorité sur l'écriture: la simultanéité. Voyez un retable: il représente diverses scènes de la vie d'un personnage que vous pouvez embrasser d'un coup d'oeil. Il me plairait de parvenir à m'expliquer ainsi." (*Tribune de Lausanne*, 20 oct. 1959) En effet, par la simultanéité spatiale des éléments qu'elle ordonne, la peinture dépasse la linéarité inhérente à l'écriture. Simon définit cette simultanéité comme un "besoin" (voir à ce propos *plastique; *N.R.H.A.*, t.2, 1972). La répétition est pour Simon l'une des techniques de spatialisation et donc de simultanéisation des contenus: "Toutes les répétitions du livre, dit-il, ont pour but de faire sentir qu'on n'est pas en présence d'une chose qui se développe successivement, mais de choses qui existent simultanément dans un ensemble spatial. Je suis forcé d'écrire successivement, mais les images reviennent très souvent de façon qu'on sente sous-jacente cette sorte de maintenance hors du successif qui m'est nécessaire".(J.van Apeldoorn, C.Grivel, 1979; lire aussi: Claude Simon, *Discours de Stockholm*, 1986). Ajoutons enfin que la *fragmentation est également un procédé de simultanéisation.

Corrélats: "plastique", "mémoire, fragmentation, peinture, Flaubert, G.

Soi (le)
Voir : Roman phénoménologique

Souvenir
Simon cite souvent cette phrase de Proust qui semble résumer son projet scriptural: "la réalité ne se forme que dans le souvenir".

Corrélats: mémoire, conscience confuse, roman phénoménologique

Subjectivité partielle
Discutant le problème de la narration et plus particulièrement celui du narrateur, Simon établit une distinction nette entre "narrateur privilégié", c'est-à-dire un narrateur omniscient, et un "narrateur situé", c'est-à-dire un narrateur qui "ne connaît de la réalité que les bribes, les fragments qu'il en perçoit par ses sens". Conformément à cette distinction, "le romancier ne prétend plus qu'à traduire une subjectivité partielle" (*L.F.*, 12-18 mars 1959). Au delà de cette subjectivité partielle manifestée par une focalisation interne, il faudrait lire une disposition phénoménologique de la narration centrée sur les sensations et les perceptions du corps. L'expérience est "la matière sur laquelle s'appuie le narrateur qui doit alors se méfier des idées qui faussent la perception directe, et sa propre perception en essayant de distinguer ce qu'il a cru voir de ce qu'il a réellement vu" (*L.N.*, 19-25 janv. 1961).

Corrélats: intertextualité, sensorialité, roman phénoménologique.

Successivité
Voir : Plastique, Mémoire

Sujet (la facture comme)
Pour Simon, peinture et écriture et, partant, un tableau et un roman, se rejoignent sur plusieurs points et plus particulièrement celui-ci que "leur véritable nature se cache derrière une apparente limpidité -ou accessibilité-; je veux dire que leur véritable "sujet" n'est pas le spectacle ou l'histoire programmés (représenté ou racontée) mais la façon dont il ou elle le sont". Si des centaines d'écrivains ont raconté la même histoire de l'adultère, et si des centaines de peintres ont peint des natures mortes, sans pouvoir nous toucher ou nous émouvoir comme l'ont fait Flaubert et Cézanne, c'est que "l'intérêt se trouve ailleurs..." (*Claude Simon*, colloque Cerisy, 1975), c'est-à-dire dans la facture du texte même. "Le véritable sujet, c'est la façon dont cette histoire est écrite ou ce spectacle est peint" (*La Nouvelle Critique*, 1977).
    Corrélats: crédibilité compositionnelle, réflexivité, sacrifice, référent.

T

Tâtonnement
1.
Tâtonnement est (avec le mot *bricolage) le mot qui revient souvent dans la bouche et sous la plume de Simon pour qualifier son travail, et plus précisément ses techniques d'écriture. Le tâtonnement induit deux aspects importants dans l'écriture simonienne : la réflexivité du langage et la spatialité de l'écriture. La première instaure une logique interne fondée sur un processus associatif mobilisant tous les niveaux linguistiques et trans-phrastiques (voir ici-même *langage) et dépassant les projets primitifs du romancier. La deuxième fait du tâtonnement un acte qui se déroule dans l'espace, c'est-à-dire dans la planéité du papier même. Ce qui est une autre manière d'appeler la contiguïté (une qualité de la mémoire selon l'auteur). "Le livre [*Histoire*] s'est fait à

peu près par tâtonnements, une chose appelant l'autre. Je serai incapable de concevoir un livre dans l'abstrait. C'est au niveau du papier que cela se fait chez moi". Au delà d'un simple constat d'ordre pratique, il faudrait lire dans cette planéité du papier et au delà de cette réflexivité du langage, une planéité et une réflexivité mnésiques ou plus précisément conscientielles: le tâtonnement de la main (une image récurrente dans le roman simonien), le tâtonnement de l'écriture ne sont que le pendant d'un tâtonnement fondamental: le tâtonnement de la conscience écrivante.

2.

Enfin, le tâtonnement renvoie à la démarche d'Orion aveugle (de Poussin puis de Simon) cherchant son chemin dans la forêt dense de l'écriture (*L.F.*, 13-19 avril 1967). N'écrit-il pas dans la préface de son *Orion aveugle*: "je ne connais pour ma part d'autres sentiers de la création que ceux ouverts pas à pas, c'est-à-dire mot après mot, par le cheminement même de l'écriture"? En effet, l'idée de tâtonnement dans l'écriture, Simon l'a développée à maintes reprises dans ses romans et dans ses entretiens en faisant appel à ce tableau de Poussin intitulé *Orion aveugle* . Celui-ci est, pour lui, "une allégorie de l'écrivain avançant à tâtons dans la forêt des signes vers [...] le soleil levant [..]. Or, Orion est une constellation, et quand le soleil sera levé, il sera, lui, effacé. Le livre fini, le but (la lumière du soleil) atteint, celui que j'étais en le commençant est effacé..." (*Claude Simon*, colloque Cerisy, 1975, *La Nouvelle Critique*, 1977, *N.R.H.A.*, t.2, 1972; lire aussi: A.Clavel, *L'Evénement du jeudi*, 31 août- 6 sept. 1989; Claude Simon, *Discours de Stockholm*, 1986.

Corrélats: langage, bricolage, mot (1), Poussin, N., réflexivité, planéité.

Témoignage
1.

Le roman peut-il être considéré comme un témoignage? En d'autres termes, le roman peut-il être lu comme ensemble de données analysables sociologiquement et psychologiquement? La réponse de Simon est catégorique. Non: "ni la sociologie ni la psychologie n'ont leur place dans les intentions du romancier. Si on s'intéresse à l'une ou à l'autre pourquoi ne pas lire les ouvrages des spécialistes qui s'appuient sur des enquêtes, des recoupements, des statistiques? En aucun cas l'artiste ne peut présenter son oeuvre comme témoignage. On sait ce que vaut un témoignage individuel.." (*Le Monde*, 8 mars 1967). L'objet de l'oeuvre d'art est de dire quelque chose sur le monde et sur la vie tels qu'ils se découvrent dans l'acte d'écriture. Il est de transmettre non pas une signification mais un sens qui recouvre le sens de l'Etre-dans-le-monde.

2.

Par ailleurs, "le roman ne prouve rien, puisque tout sort du cerveau de l'auteur". Il n'est pas une démonstration en vue de confirmer ou infirmer, ou encore, d'illustrer une thèse quelconque. Il ne transmet pas de signification "préalablement donnée", mais une expérience double : celle de la vie et celle de l'écriture du monde et de la vie. (*L.F.*, 13-19 avril 1967).

3.

A propos du *Palace*, Simon précise la distinction qu'il faut absolument faire entre témoignage (ou mémoires) et roman. "Ce livre s'appelle roman et non témoignage ou mémoires. Sa construction symétrique [...] obéit avant tout à des considérations formelles [...] Ce n'est pas du tout un livre à prétentions documentaires, historiques ou exemplaires". Seules les nécessités formelles sont présentes à l'esprit quand l'écrivain élabore son texte et ce sont celles-là qui s'instaurent comme "monde référentiel". Cependant, Simon ne "refuse nullement au *Palace* une valeur de témoignage, pourvu que l'on ne perde pas non plus de vue ce qu'a de fragile, de douteux et de contestable tout témoignage individuel, du fait des imperfections déformantes de notre perception d'abord, de notre mémoire ensuite". Le roman peut "témoigner" mais imparfaitement et par nécessités, car le mot réfère inévitablement (*Claude Simon*, colloque Cerisy, 1975). Déjà en 1962 l'auteur précisait: "je suis d'accord avec la phrase de Proust qui dit que la réalité ne se forme que dans le souvenir. Dans le moment présent, moi je ne vois rien. *Le Palace* ne peut pas être un témoignage parce qu'en aucun cas l'art ne peut être témoignage, sauf au second degré. Et il ajoute: "*Le Palace* ne mérite que le nom de rêve sur la révolution espagnole" (M.Chapsal, *L'Express*, 5 avril 1962).

Corrélats: sens du monde, art, représentation, réalisme, sens institué sens produit

Tempo

Chez Simon l'écriture est affaire de tempo. Ce terme musical n'est pas une simple métaphore dont l'auteur se délecte. Le tempo est un principe qui organise le texte simonien. Comme les principes de composition picturale, les principes de composition musicale (notamment sérielle) dictent les formes de l'écriture simonienne. Le tempo éclaire certains aspects formels du roman simonien et plus particulièrement la ponctuation et la fragmentation. (*L'Express*, 10 nov. 1960; *N.L.*, 29 déc.. 1960)

Corrélats: musicalité, périodicité, temporalité/temps, travail de l'écrivain (8)

Temporalité / temps
1.

La temporalité dans l'écriture de Claude Simon n'est pas seulement cette structure où temps de l'histoire et temps de la narration entrent dans un jeu d'inversion, de raccordement, de vitesse, de décalage, etc. La temporalité est d'abord une question relative à la rythmique, au tempo, c'est-à-dire, une affaire de construction mathématique, car "l'écriture se déroule dans le temps, sa dimension est linéaire, et toutes ces choses qui co-existent dans mon esprit doivent être mises les unes après les autres. De là un type de construction un peu semblable à celui de la fugue où les thèmes vont et viennent, s'entrelacent...Essayer de faire sentir au lecteur que l'on est toujours dans cet entrelacs d'images et d'émotions plus ou moins récurrentes..." (Tanase, *Médias*, 12 fév. 1988).

2.

Par ailleurs, le temps est, chez Claude Simon, une problématique philosophique en rapport direct avec la question de l'Etre et du langage scriptural. Ecrire, c'est essayer de rendre, représenter l'espace conscientiel où s'ordonnent simultanément des contenus divers (souvenirs, sensations, émotions, perceptions, fragments de textes lus, vus, entendus, etc.). Autant dire que la problématique du temps induit une réflexion sur le temps et l'espace, ou plutôt du temps spatialisé, une réflexion sur les diverses esthétiques principalement visuelles (lire *voir (le)), et une réflexion sur les possibles et les limites du langage humain, dont la langage littéraire n'est qu'une composante.

Corrélats: plastique, sens du monde, discontinuité (1), continuité, planéité, musicalité

Terre e(s)t guerre

Parlant des *Géorgiques*, Simon met sur le même pied d'égalité l'homme de guerre et l'homme de la terre (thèmes centraux de son univers romanesque): "A la limite, dit-il, on peut dire que l'homme de guerre (et il n' y a pas de révolution sans guerre) s'apparente à l'homme de la terre: les travaux de la guerre ont ce même caractère cyclique que les labours, les semailles et les récoltes, toujours recommencés: les mêmes villes, les mêmes fleuves [...] inlassablement assiégés, prises, perdues, reprises, franchies, repassés en retraite, franchies de nouveau, etc." (Eribon, D., *Libération*, 29 août 1981). La cyclicité est donc répétition régulière d'un fait dans le temps, dans l'histoire. Elle commande la conception que Simon se fait du temps et de l'histoire, mais détermine aussi la composition réflexive du roman. Le rythme tellurique et le rythme des guerres coïncident dans un rythme cosmique: "Quand on est plongé dedans [la guerre], on dirait que la guerre est un phénomène cosmique. Le tapage des explosions est effarant. Et puis j'ai toujours pensé que les soldats et les paysans avaient le même rapport vital à la terre et aux phénomènes naturels: ils arpentent le sol, rampent, creusent, subissent les rigueurs du climat. A ce niveau terre et guerre convergent." (A.Clavel, *L'Evénement du jeudi*, 31 août- 6 sept. 1989). **Corrélats:** histoire

Théorie/pratique

1.

Simon ne cesse de répéter qu'il n'est pas un intellectuel. Modestie certaine. Mais ce qu'il faut souligner à ce propos, c'est le rapport théorie/ pratique dans son oeuvre romanesque. En effet, si certains nouveaux romanciers sont aussi bien romanciers que théoriciens de l'écriture romanesque (J.Ricardou, A.Robbe-Grillet, M.Butor ou N.Sarraute), Simon, lui, "[se] sen[t] très mal à l'aise dans l'abstraction et la théorie". Aussi, l'étiquette "nouveau roman" ne doit pas induire en erreur: "quand on entend parler du Nouveau Roman, précise-t-il, on pourrait croire qu'il existe une théorie préconçue, appliquée, illustrée par les romanciers. Mais ce n'est pas vrai du tout". (*L.F.*, 13-19 avril 1967).

2.

Cependant, on ne pourrait pas occulter tout le travail de théorisation interne à chacune de ses oeuvres et qui livre au lecteur des éléments de compréhension de la composition du texte. Celui-ci intègre en son sein un métatexte critique et théorique important. Par ailleurs, les traces des textes fondamentaux de la pensée et de l'art contemporains sont manifestes dans tous ses textes romanesques. En témoignent le nombre important de noms d'artistes, de philosophes et de penseurs qui jalonnent ses entretiens, ainsi que les multiples intertextes qui "meublent" ses romans (*N.L.*, 29 déc.. 1960; *L.F.*, 13-19 avril 1967).

3.

Lors du colloque de Cerisy qui lui a été consacré, Simon a souligné un aspect qui éclaire l'évolution des formes romanesques chez lui: l'influence des théories littéraires et critiques du nouveau roman sur son écriture. "Les diverses pratiques de l'écriture, dit-il, expérimentées par chacun offrent un champ au travail de réflexion effectué par les mêmes ou autres, ce qui donne lieu à un passionnant et fertile va-et-vient d'échanges". Et il ajoute: "Pour moi, en tout cas, je considère comme une véritable chance de m'être trouvé au contact d'un groupe d'écrivains de préoccupations sinon identiques, du moins qui se recoupaient souvent, et ces échanges m'ont été d'une aide précieuse sans laquelle, très certainement, mon travail et ses résultats n'auraient pas été les mêmes." Avant de conclure pas cette phrase solennelle: "je tiens donc à remercier ici publiquement non pas le sort (je n'y crois pas) mais tous ceux qui m'ont ainsi 'influencé' ". (*Claude Simon*, colloque Cerisy, 1975).

4.

Jean Ricardou semble avoir particulièrement orienté la production de l'auteur vers des régions insoupçonnées par lui. C'est pour cette raison qu'il a tenu à lui rendre un hommage particulier lors du colloque Cerisy et à le rappeler dans plusieurs de ses entretiens: "Il m'a certainement beaucoup apporté en formulant des choses que je ne sentais que d'une façon confuse, et je crois (ou du moins je l'espère) lui avoir moi-même un petit peu apporté aussi. C'est par exemple après *La Bataille de Pharsale* qu'il a élaboré sa théorie des générateurs. Pour ma part [...] je reprends tout à fait à mon compte le schéma par lequel il montre le chevauchement constant, l'engendrement constant et réciproque de la théorie par la pratique, et de la pratique par la théorie, avec cette seule différence que je remplacerai ce dernier mot par réflexion.". Et il ajoute un peu plus loin: "J'apprends beaucoup des critiques. Enfin d'une certaine critique qui se développe depuis un certain temps et qui me paraît tout à fait remarquable parce qu'elle s'interroge, elle aussi, sur la langue, la littérature, leurs limites et leurs pouvoirs" (*La Nouvelle Critique*, 1977)

Travail

Simon ne croit ni au *génie ni à l' *inspiration et se moque de ce "personnage auquel on se complaît d'ordinaire à conférer le statut quelque peu fabuleux (frauduleux), mystifiant (et bouffon) d'un homme "pas comme les autres" dont la tâche consisterait simplement à écrire sous la dictée de ce que l'on appelle l'inspiration'" (*Claude Simon*, colloque Cerisy, 1975). L'écriture est dur labeur, une mise en ordre qui ressemble au *collage ou encore à un puzzle gigantesque que l'auteur construit par *tâtonnement.

Corrélats: génie, tâtonnement, inspiration

Travail de l'écrivain (le)

Comment Claude Simon écrit-il ses romans? Ou tout simplement comment travaille-t-il son texte?

Pour répondre à cette double question, nous allons, à propos de quelques uns de ses romans, voir la manière dont il s'y prend en citant ses propres réflexions et en mettant à la tête de chaque développement le problème-clé de sa réflexion.

1.

Le présent de l'écriture : *L'Herbe* (1958), *Histoire* (1967), *La Bataille de Pharsale* (1969): passant en revue les différentes techniques d'écriture et, partant, les différentes phases de son évolution romanesque, Simon s'arrête sur ces deux romans parce qu'avec eux "quelque chose d'assez différent s'est produit": *L'Herbe* et *La Bataille de Pharsale:* "Avec *L'Herbe*, dit-il, un tournant était pris". Mais "c'est seulement en écrivant *Histoire* que j'ai commencé à avoir une conscience plus nette des pouvoirs et de la dynamique interne de l'écriture et à me laisser guider plus par ce que l'écriture disait -ou "découvrait"- que par ce que je voulais lui faire dire -ou "recouvrir". Quant à la dernière partie de *Pharsale* (autre tournant) elle résulte de ce que j'avais enfin compris que l'on n'écrit -ou ne dit- jamais que ce qui se passe au présent de l'écriture" (*Entretiens*, 1972). Le présent de l'écriture instaure la double *réflexivité qui fonde le roman simonien: celle de l'écriture et du langage et celle de la conscience écrivante. Dans un autre entretien, l'auteur souligne ce qui suit: "Il n'y a pas quelque chose qui s'est passé et qu'on écrit ensuite: il n' y a jamais que l'écriture de ce qui se passe au présent de l'écriture". (*La Nouvelle Critique*, 1977), (lire *présent de l'écriture)

2.

L'usage des techniques de collage : A partir de *L'Herbe* jusqu'à *L'Acacia*: voir ici-même: *collage.

3.

L'usage du dictionnaire : La Route des Flandres (1960): comment travaille Claude Simon pour réaliser une description, celle d'une porte par exemple? Est-il "calé" dans la construction d'une porte? Réponse: "non, je ne suis pas "calé" du tout en ce qui concerne la construction d'une porte. Comme tout le monde, je sais qu'elle se compose d'un châssis et de panneaux assemblés à l'aide de chevilles, etc. Il m'arrive souvent de ne pas connaître ou de ne pas trouver le nom exact d'une des parties ou de l'un des éléments d'une pièce de menuiserie, d'un détail d'architecture, ou encore de mécaniques, de végétaux, etc. et d'être obligé de les chercher dans un dictionnaire ou une encyclopédie". (*Claude Simon*, colloque Cerisy, 1975).

4.

Des stimuli : Histoire (1967): chez Claude Simon l'élaboration d'un texte se fait souvent sur la base d'éléments préexistants (photographies, tableaux, archives, cartes postales, etc.). Ces éléments, bien entendu, agissent "comme simples stimuli" et ne jouent aucun rôle dans la composition générale du roman. Parlant d'*Histoire*, il précise que "les cartes postales n'y ont joué que comme d'autres éléments" (*Claude Simon*, colloque Cerisy, 1975). Simon n'écrit pas *ex nihilo*. Un stimulus est nécessaire à l'enclenchement de l'écriture, quitte à l'oublier, à le gommer par la suite.

5.

Le statut des mots dans la démarche scripturale: Les Corps conducteurs (1971): "les mots fonctionnent [...] à la manière de ces "éléments communs" sur lesquels se fait, en mathématiques, l'*intersection* de deux *ensembles*, après quoi l'on peut procéder à l'opération suivante qui est leur *réunion*, c'est-à-dire la réunion de tous les éléments de chacun des ensembles, communs ou non communs." L'auteur donne ensuite un exemple pris dans *Les Corps conducteurs*. Dans ce roman, "trois ensembles qui, à première vue, dans la "réalité", sont très éloignés les uns des autres: une jungle, un enfant traînant un jouet, une vielle dame dans le hall, dans la rue d'une grande ville, d'un hôtel. Quoi de commun (dans le monde "réel") entre ces trois éléments? Rien apparemment. Cependant: un fleuve *serpente* dans la jungle en décrivant des *méandres*; la ficelle détendue du jouet que traînait l'enfant décrit des *méandres* sur le trottoir; le boa qui tombe des épaules de la vielle dame décrit une *courbe serpentine* sur la moquette du hall de l'hôtel [...] Les mots, notre langue, ne sont pas les produits du hasard mais bien la pensée même. La difficulté n'est pas d'en jouer, c'est d'en bien jouer, c'est-à-dire (ce qui demande beaucoup d'attention et de réflexion) d'en observer la logique profonde, de même que dans le maniement des symboles mathématiques, il faut rigoureusement observer la logique mathématique si l'on ne veut pas aboutir à un résultat faux, et là aussi cela demande beaucoup de rigueur et d'attention" (*Le Figaro Littéraire*, 3 avril 1976). Combinatoire mathématique et combinatoire scripturale semblent se rejoindre dans le ludisme contrôlé par les règles du genre et par les lois internes de la matière langagière.

6.

L'usage des techniques cinématographiques:Triptyque (1973): voir *cinéma

7.

La thématique simonienne :La Route des Flandres, Le Palace, Histoire, La Bataille de Pharsale : même s'il y a des thèmes qui reviennent de façon régulière d'un roman à l'autre, il n'en reste pas moins qu'il n'y a pas chez lui de thématique fixe et préétablie: les thèmes d'un roman se décident d'eux mêmes pendant le travail d'écriture. "Il est bien certain par exemple que le thème de la mort préside à *La Route des Flandres* (j'ai même expliqué comment il avait peu à peu commandé la composition du roman), celui de la révolution (spirale, escalier à...) dans *Le Palace* (qui s'ouvre sur un chapitre intitulé *Inventaire* et se clôt sur un autre intitulé *Le bureau des objets perdus*), celui du double dans *Histoire*, de la jalousie dans *La Bataille de Pharsale,* mais tous ces thèmes ne sont précisés qu'en cours de travail. Ainsi, dans le roman que je suis en train d'écrire, je vois en ce moment apparaître le thème de l'oeil. Mais je n'y avais absolument pas pensé à l'avance. Il se trouve que par les (comment dire: hasards? je n'y crois pas, contraintes? jeux? pouvoirs?) de l'écriture et de ce qu'elle met en action, ce thème s'est représenté plusieurs fois. Mais je ne sais même pas encore s'il restera un accident secondaire ou s'il prendra une ampleur plus grande..." (*Claude Simon*, colloque Cerisy, 1975). En définitive, ce n'est pas l'écrivain qui décide de sa thématique, mais l'écriture elle-même avec sa logique et ses nécessités internes et ce qu'elles mettent en action pendant le processus de production.

8.

Composition musicale :La Bataille de Pharsale (1969): "J'ai cherché à composer ce roman à la façon de certaines oeuvres musicales, en trois parties:

1. exposition des thèmes (ce qui signifie aussi leur invention, tâtonnement),

2. exploration plus poussée et développement de certains de ces thèmes,

3. reprise et synthèse de tous ces thèmes dans une structure différente et un "tempo" plus rapide" (S.Sykes, 1979, lettre de l'auteur).

9.

L'avant et le pendant l'écriture : Leçon de choses (1975): après une brève introduction où il explique que le travail mental du roman qu'il s'apprête à écrire intervient très peu chez lui, Simon ajoute qu'avant l'écriture proprement dite "il y a seulement [...] quelques vagues images, quelques vagues souvenirs, un ou quelques vagues schémas de compositions, l'idée d'un certain "ton", d'un certain rythme ou d'une certaine forme (mais déjà lorsqu'il s'agit de "ton", de rythme, de forme, le langage, une certaine conception de l'écriture commencent à jouer, même si cette dernière n'est pas couchée sur le papier). Maintenant, si l'on parle de "prendre naissance", il est évident que cela ne se produit qu'au moment où je commence à tracer des signes sur une feuille blanche [...] Disons sommairement que le travail de l'écrivain, tel que je le conçois, c'est-à-dire, essentiellement basé sur une combinatoire, aboutit à la production (et non à l'expression) de sens pluriels dont aucun n'est explicité. L'écrivain dit le monde et les choses (ou plutôt UN monde et DES choses): il ne les explique pas. L'aboutissement de son travail est essentiellement une mise en question. Au lecteur d'effectuer cet autre travail complémentaire qu'est la lecture. Il est partie prenante dans l'affaire (que serait un livre sans aucun lecteur?..) Il n'existe pas d'objet sans sujet". (*Le Figaro littéraire*, 3 avril 1976).

10.

Hasard et travail : voir *hasard.

11.

Composer en peintre :Triptyque (1973): voir *Bacon, F.

12.

Ecrire avec des couleurs et un plan de montage : La Route des Flandres (1960): l'écriture plastique de Claude Simon ne concerne pas uniquement la "transposition" des principes picturaux dans le champ romanesque, elle va au delà: l'emploi de dessins et de couleurs pour composer le texte est l'un de ces multiples emprunts. "Pour *La Route des Flandres*, dit-il, j'ai tracé un schéma inspiré de ces coupes de terrain qu'on peut voir dans les dictionnaires pour représenter la formation d'un puits artésien. Je l'ai fait parce qu'il montrait la composition symétrique du livre, comme celle du *Palace* d'ailleurs. Le début, c'est Reixach chevauchant sur la route et qui va être tué, la fin, c'est toujours Reixach sur la même route: on peut donc dire que tout le reste est une énorme parenthèse ouverte. Or, exactement au milieu du livre (bien que la précision de cette exactitude ait curieusement résulté d'une série de ratures, de rajouts et de corrections qui avaient de tout autres motivations) il y a anéantissement de l'escadron qui tombe dans une embuscade. C'est donc le thème de la mort qui resurgit au centre de la cuvette comme le puits artésien. Mais ce dispositif est visible aussi dans le plan de montage de *La Route des Flandres* que j'ai établi en attribuant une couleur à chaque personnage ou à chaque thème. A un moment donné, en effet, j'avais écrit des fragments, mais ça ne faisait pas un livre. Alors j'ai inscrit, chaque fois sur une ligne, un petit résumé de ce qu'il y avait dans chaque page et, en face, j'ai placé la couleur correspondante, puis j'ai punaisé l'ensemble sur les murs de mon bureau et alors je me suis demandé s'il ne fallait pas remettre un peu de bleu par ici, un peu de vert par là, un peu de rouge ailleurs, pour que ça s'équilibre. Ce qu'il y a d'intéressant, c'est que j'ai "fabriqué" certains passages parce qu'il manquait un peu de vert ou un peu de rose à tel ou tel endroit. Je n'en avais absolument pas l'idée avant de commencer. Je l'ai fait parce que là je me suis dit: "tiens, il faut que je reparle de ça, il faut que ça revienne". Et, chose également intéressante, il s'est trouvé que certains des meilleurs passages du bouquin ont quelquefois été ceux qui m'ont été imposés par ces nécessités de construction". (*Claude Simon*, colloque Cerisy, 1975; J.van Apeldoorn, C.Grivel, 1979).

13.

Le travail de la langue : Leçon de choses (1975): "je suis simplement parti de la description d'une pièce dans une maison que je possède dans le Midi, description que j'avais faite pour une commande de Maeght [...]. Et cela a donné les trois fictions dont nous avons parlé: les soldats, les promeneurs, les maçons. Mais ce qu'il y a d'absolument fascinant dans l'affaire, et qui vient appuyer ce que je pense (c'est-à-dire que celui qui travaille la langue est en même temps travaillé par elle), c'est que, arrivé presque à la fin de la rédaction de mon brouillon, je me suis rendu compte, en feuilletant je ne sais pour quelle raison le *Littré*, qu'en fait je n'avais fait que développer toutes les connotations du mot *chute* : chute des plâtras, chute d'un pan de falaise, d'une corniche, d'un obus (point de...), chute de cheval, chute du jour, chute (probable) d'un point fortifié, chute d'une femme, chute des reins, etc." (*La Nouvelle Critique*, 1977). Le mot apparaît, en dernière analyse, comme "un noeuds de significations" dont l'auteur développe les potentialités narratives et fictionnelles.

14.

Lois syncrétiques de composition :Les Géorgiques (1981): "D'une façon générale, et sans bien sûr oublier jamais qu'il s'agit d'écritures différentes, on peut trouver des lois qui jouent à la fois pour la peinture, la musique, le roman: *harmoniques, contrastes, dissonances, complémentaires, oppositions, passages, échos, répétitions* d'un motif ou d'une forme dans un autre ton, *variations*... Par exemple, *Les Géorgiques* sont composés de façon synthétique en cinq parties:

1- exposition rapide des thèmes,

2- développement de l'un des thèmes principaux (la guerre),

3- support au noeuds central

4- développement du second thème principal (la révolution)

5- reprise de tous les thèmes dans un "final" au rythme différent". (Eribon, D., *Libération*, 29 août 1981).

Ainsi les lois de composition du roman sont des lois syncrétiques qui relèvent aussi bien de la peinture, de la musique que de la littérature.

15.

L'image-mère : La Route des Flandres (1960): "Pour ce qui est de l'image mère de ce livre, je peux dire que tout le roman est parti de celle-là, restée gravée en moi: mon colonel abattu en 1940 par un parachutiste allemand embusqué derrière une haie: je peux toujours le voir levant son sabre et basculant sur le côté avec son cheval, comme au ralenti, comme un de ces cavaliers de plomb dont le socle serait en train de fondre...Ensuite, en écrivant une foule d'autres images sont naturellement venues s'agglutiner à celle-la..." (L.Dällenbach, *Claude Simon*, 1988). Le travail part donc d'une image qu'elle soit mentale, iconique ou verbale (une métaphore par exemple). C'est là le point de départ du *voir simonien.

16.

"Une éducation sentimentale" et un "complément d'informations" : L'Acacia (1989): *L'Acacia* est l'avant dernier roman de Claude Simon . A son propos, l'auteur dit: "*L'Acacia* est une sorte de roman d'apprentissage. J'avais d'ailleurs pensé le sous-titrer: Une éducation sentimentale.." Par ailleurs, répondant à la question de savoir si ce roman ne constituait pas une sorte de clé pour l'oeuvre entière, l'auteur affirme: "une clé, si vous voulez, mais qui ne ferme rien. Le sens reste ouvert. J'ai aussi pensé, un moment, appeler ce livre "Compléments d'informations" (M.Alphant, *Libération*, 31 août 1989).

V

Valeur

Dans sa réflexion sur les notions de labeur et de *travail (notions tombées dans le discrédit), Simon met à contribution la notion marxiste de "valeur". Par elle, il peut articuler "travail" et "valeur" et, partant, revaloriser le labeur de l'écrivain. Si selon Marx "une valeur ou un article quelconque [...] n'a une valeur quelconque qu'autant que le travail humain est matérialisé en lui", cette idée est, pour Simon, "le départ laborieux de toute valeur". Et il ajoute: "Quoi que je ne sois ni philosophe ni sociologue, il me semble troublant de constater que c'est au cours du XIXème siècle, parallèlement au développement du machinisme et d'une féroce industrialisation, qu'on assiste, en même temps qu'à la montée d'une certaine mauvaise conscience, à la dévaluation de cette notion de travail (ce travail si mal rémunéré): l'écrivain est alors dépossédé du bénéfice de ses efforts au profit de ce que certains ont appelé "inspiration"." (Claude Simon, *Discours de Stockholm*, 1986).

Corrélats: fabrication, bricolage, travail, inspiration, génie, tâtonnement, jeu, mathématique, peinture, plastique, Bacon, Van Gogh, regard, voir (le).

Van Gogh

De Van Gogh Simon retient une technique picturale déterminée: la vision sensorielle accrue du détail, "phénomène qui a commencé à se manifester avec Van Gogh". En effet, il est selon Simon "le premier [...] à avoir abaissé son regard et à avoir fait de ce qui se trouvait simplement à ses pieds (quelques touffes d'herbe, quelques fleurs) le "sujet" (prétexte) d'un tableau alors que jusqu'à lui les peintres, même dans les cas les plus restreints, prenaient toujours un thème plus ou moins "pittoresque": des ou une montagne, un moulin, le tournant d'une route, d'un fleuve, un village, des collines, etc. Il y a là, me semble-t-il, je veux dire: à partir de Van Gogh [...] un phénomène typique de la modernité" (*Claude Simon,* colloque Cerisy, 1975). En fait, ce que souligne Simon ici c'est cette esthétique du *détail, du banal si caractéristique de l'art moderne.

Corrélats: détail, Dubuffet, peinture, plastique, Poussin, Delvaux

Vie mentale

"-Piattier, J. : Au fond, vous cherchez à rendre la vie comme elle est...

-Simon, C. : la vie mentale, oui" (*Le Monde*, 26 avril 1976).

La vie mentale (formule à laquelle nous préférons celle d'espace conscientiel) est donc le champ d'exploration du roman simonien. En lui se définissent et s'éclairent la temporalité de l'écriture (tout est au présent qui est en fait atemporalité), la fragmentation, les contenus mnésiques, sensitifs et imaginationnels, et la dialectique ordre mental et ordre scriptural: "nous sommes, dit l'auteur, pleins d'images, de souvenirs, de sensations (ou plutôt de fragments de tout cela) qui se mêlent et se combinent dans notre esprit, et le problème est de trouver en écrivant comment ordonner ces combinaisons. Pour cela, les mots, la langue elle-même nous aide (et non pas nous contrarie, comme le disent certains)." (M.Alphant, *Libération*, 6 janv. 1988). Le roman est donc une "tentative de description de tout ce qui se passe en un instant en fait de souvenirs, d'images et d'associations dans un esprit" (L.Dällenbach, *Claude Simon,* 1988. Nous soulignons).

Corrélats: roman phénoménologique, perception, simultanéité

"Voir" (le)
1.

L'expérience du voir n'est pas seulement de l'ordre esthétique, elle est d'abord et surtout une expérience ontologique. Et c'est en ce sens que *Le Sacre du printemps* (1954) est considéré par l'auteur comme un livre décisif: "C'est sans doute, dit-il, *Le Sacre du printemps* qui fait l'axe, le pivot autour duquel tout tourne, devient autre, cesser apparemment de ressembler à ce qui précède. Vous savez, cette mutation, c'est la maladie. J'ai vécu durant cinq mois allongé. Avec pour seul théâtre une fenêtre. Quoi? Que faire? *Voir* (expérience du voyeur), regarder avidement. Et se souvenir. *La vue, la lenteur et la mémoire*." (H.Juin, *Les Lettres Françaises*, 6-12 oct. 1960). C'est vraisemblablement là le contenu de cette mutation: l'importance du voir, du visuel, qui va "envahir" toute la production suivante.

2.

Dans un essai de définition du mot "idée", Simon rappelle son étymologie grecque en insistant sur l'articulation du conceptuel, du visuel et de la vision: "notre vocabulaire, dit-il, n'est pas un ensemble de signes inertes; chaque mot est porteur d'une charge à la fois historique, culturelle, phonétique; ce n'est pas par hasard que le mot rideau nous fait penser à un rideau d'arbres, aux ris de l'eau, à Agrippine et à Polonius; ce n'est pas par un effet de hasard non plus [...] que le mot idée vient, par le latin, du grec *eidéa* (image, idée), lui-même du verbe *eiden* (voir) qui a donné par ailleurs *eidos* qui veut dire: figure, forme, et [...] ce n'est pas non plus par hasard enfin que s'est formé ce vaste ensemble de figures métaphoriques dans et par quoi se dit le monde" (*N.R.H.A.*, t.2, 1972). Le voir simonien est l'articulation systématique du conceptuel, du visuel dans la vision verbale, le tout selon une logique musicale (c'est-à-dire, mathématique). Lire: *magama musical d'images..

3.

Le voir n'est pas seulement de l'ordre du perceptif, puisque même une description minutieuse d'un objet "ne donne pas à voir". Voir, au sens où l'entend Simon, c'est révéler une essence: "Dans un livre d'anatomie, dit-il, vous pouvez trouver la description détaillée et complète d'un os d'un tibia, par exemple, et c'est d'ailleurs assez fascinant. Mais cette description ne donne pas à voir. Or, c'est là le but de l'art" (M.Alphant, *Libération*, 10 déc.1985). L'art ne copie pas la réalité. Il donne à voir. Le "voir" ici n'est pas la perception pure et simple de la surface de l'objet représenté, mais son essence telle qu'elle se constitue dans la conscience de l'homme avec ses associations, ses connaissances, son vécu, sa mémoire et son imagination.

4.

Ce que nous appelons "le voir simonien" a donc trait à cette visualité qui domine tous ses écrits: le voir n'est seulement pas un acte de perception externe tentant à iconiser même ce qui ne l'est pas; il est également et surtout un acte de perception interne: il dit ce que Simon appellera dans *Discours de Stockholm*, un "paysage intérieur", c'est-à-dire aussi bien une image mentale (souvenir, imagination) que la transmutation du perçu, senti, pensé en images verbales. Le "voir" est donc le lieu d'un paradoxe esthétique: comment rendre la planéité de cette image avec une systémique linéaire: "la description, dit l'auteur, de ce que l'on pourrait appeler un "paysage intérieur" apparemment statique, et dont la principale caractéristique est que rien n'y est proche ni lointain, se révèle être elle-même non pas statique mais au contraire dynamique: forcé par la configuration linéaire de la langue d'énumérer les unes après les autres les composantes de ce paysage (ce qui est déjà procéder à un choix préférentiel, à une valorisation subjective de certaines d'entre elles par rapport aux autres), l'écrivain, dès qu'il commence à tracer un mot sur le papier, touche aussitôt à ce prodigieux ensemble, ce prodigieux réseau de rapports établis dans et par cette langue". L'image intérieure est du coup relayée, transmutée dans une imagerie littéraire inhérente à tout acte de parole-écriture: car parler, écrire, c'est activer la langue dans ses fondements et dans son historicité, c'est mobiliser "les tropes, les métonymies et les métaphores dont aucune n'est l'effet du hasard mais tout au contraire partie constitutive de la connaissance du monde et des choses peu à peu acquise par l'homme." (Claude Simon, *Discours de Stockholm*, 1986). Le voir simonien est en dernière analyse un mode de connaissance axée sur la vision mais une vision indissociable de "l'imagination langagière".

5.

Dans une phrase laconique Simon résume cinquante année de labeur et de recherche esthétique: "Etant sensible

au visible, je suis intéressé par toutes sortes de graphismes"
(A.Armel, *Magazine Littéraire*, mars 1990). Le visible fait
appel à l'image (avec toutes ses sortes: vécue, littéraire,
picturale, cinématographique, mentale, graphique, etc.), au
regard, au "voyeurisme", à l'oeil, à son histoire, etc.

Dans une autre formule simple, Simon résume le voir
tel que nous l'envisageons: "Non plus démontrer, donc, mais
montrer, non plus reproduire mais produire, non plus
exprimer mais découvrir" (Claude Simon, *Discours de
Stockholm*, 1986). L'objectif du voir simonien consiste
justement à montrer une image (intérieure, extérieure), à
produire une image littéraire dont les fondements principiels
sont d'ordre pictural et musical, et enfin à découvrir l'image
du monde tel qu'elle se constitue dans la conscience et plus
précisément dans la conscience écrivante. Par ailleurs, dans
un entretien avec l'auteur, D.Eribon condense dans une
phrase cette articulation esthétique: "le rythme chez Simon,
dit-il, c'est une façon de voir les choses" (cf. D.Eribon,
Libération, 29 août 1981).: tout le "voir" simonien (son
"écrire" donc) est là. Lire notre Introduction "Le voir
simonien".

Corrélats: magma musical d'images.., débuts,
regard, métaphore, langage/langue.

-II-

INTERTEXTES

**OEUVRES, ARTISTES, PHILOSOPHES,
ECRIVAINS ET CRITIQUES CITES PAR CLAUDE
SIMON DANS SES ENTRETIENS ET TEXTES
THÉORIQUES**

A

Age d'or (L') (Bunuel, Luis): A.Armel, *Magazine Littéraire*, mars 1990.

Aragon, Louis.: *La Nouvelle Critique*, 1977.

B

Bach, Jean-Sébastien: *La Nouvelle Critique*, 1977; Claude Simon, *Discours de Stockholm*, 1986; L.Dällenbach, *Claude Simon*, 1988.

Bacon, Francis: *Claude Simon*, colloque Cerisy, 1975; *La Nouvelle Critique*, 1977; J.van Apeldoorn, C.Grivel, 1979; L.Dällenbach, *Claude Simon*, 1988.

Bahut mécanique (le) (Léger, Fernand) : M.Alphant, *Libération*, 10 dec.1985.

Baigneuses (Les) (Cézanne, Paul) : M.Alphant, *Libération*, 31 août 1989.

Balzac, Honoré de: *Entretiens*, 1972; N.R.H.A., t.2, 1972; *La Nouvelle Critique*, 1977; J.van Apeldoorn, C.Grivel, 1979; A.Poirson, *Révolution*, 22 janv. 1982; M.Alphant, *Libération*, 10 dec.1985; Claude Simon, *Discours de Stockholm*, 1986; A.Armel, *Magazine Littéraire*, mars 1990.

Barthes, Roland: *L'Express*, 12 janv. 1961; *Le Monde*, 8 mars 1967; *Le Figaro Littéraire*, 3 avril 1976; *Entretiens*, 1972; N.R.H.A., t.2, 1972; *La Nouvelle Critique*, 1977; A.Poirson, *Révolution*, 22 janv. 1982; Claude Simon, *Discours de Stockholm*, 1986; Tanase, *Médias*, 12 fév. 1988; L.Dällenbach, *Claude Simon*, 1988; M.Alphant, *Libération*, 31 août 1989.

Bataille, Georges: *La Nouvelle Critique*, 1977.

Baudelaire, Charles: *N.R.H.A.*, t.2, 1972; *La Nouvelle Critique*, 1977; Claude Simon, *Discours de Stockholm*, 1986.

Beckett, Samuel:*Le Monde*, 8 oct. 1960 ; *L'Express*, 5 avril 1962; M.Alphant, A.Poirson, *Révolution,* 22 janv. 1982; *Libération*, 10 dec.1985.

Beethoven, Ludwig van: *La Nouvelle Critique*, 1977; M.Alphant, *Libération*, 31 août 1989.

Bonnard, Pierre: M.Alphant, *Libération*, 6 janv. 1988; (A.Clavel, *L'Evénement du jeudi*, 31août-6 sept. 1989).

Borgès, Luis: *Entretiens*, 1972.

Bosch, Jérôme: *Entretiens*, 1972; *N.R.H.A.*, t.2, 1972.

Bouguereau, William: *La Nouvelle Critique*, 1977.

Boulez, Pierre: A.Armel, *Magazine Littéraire*, mars 1990.

Bourget, Paul: *Entretiens*, 1972; *La Nouvelle Critique*, 1977.

Braque, Georges: S.Sykes, 1979, (Lettre de l'auteur).

Brassaï, Gyula Halasz: A.Armel, *Magazine Littéraire*, mars 1990.

Breton, André:*Claude Simon,* colloque Cerisy, 1975; *La Nouvelle Critique*, 1977; Claude Simon, *Discours de Stockholm*, 1986.

Breughel, Pieter (L'ancien): *La Nouvelle Critique*, 1977; A.Poirson, *Révolution*, 22 janv. 1982.

Bunuel, Luis: A.Armel, *Magazine Littéraire,* mars 1990.

Butor, Michel: *Claude Simon*, colloque Cerisy, 1975; *La Nouvelle Critique*, 1977.

C

Camus, Albert: *La Nouvelle Critique*, 1977; A.Poirson, *Révolution*, 22 janv. 1982.

Candide (Voltaire) : Claude Simon, *Discours de Stockholm*, 1986.

Cartier-Bresson, Henri: A.Armel, *Magazine Littéraire*, mars 1990.

Cézanne, Paul: *L.F.*, 12-18 mars 1959; *Entretiens*, 1972; *N.R.H.A.*, t.2, 1972; *Claude Simon*, colloque Cerisy, 1975; *La Nouvelle Critique*, 1977, S.Sykes, 1979, Lettre de l'auteur; J.van Apeldoorn, C.Grivel, 1979; A.Poirson, *Révolution*, 22 janv. 1982; M.Alphant, *Libération*, 31 août 1989; A.Armel, *Magazine Littéraire*, mars 1990.

Chardin, Jean-Baptiste Siméon: *Entretiens*, 1972.

Charlène (Rauschenberg, Robert) : *N.R.H.A.*, t.2, 1972.

Château (Le) (Kafka, Franz): *N.R.H.A.*, t.2, 1972.

Chartreuse de Parme (La) (Stendhal): *N.R.H.A.*, t.2, 1972.

Chemin de Damas (Breughel, Pieter): *La Nouvelle Critique*, 1977.

Chemins de la liberté (Les) (Malraux, André): Claude Simon, *Discours de Stockholm*, 1986.

Chien andalou (Bunuel, Luis) : A.Armel, *Magazine Littéraire*, mars 1990.

Chklovski, Victor:*Claude Simon*, colloque Cerisy, 1975; *La Nouvelle Critique*, 1977; A.Poirson, *Révolution*, 22 janv. 1982; A.Armel, *Magazine Littéraire*, mars 1990.

Condition humaine (La) (Malraux, André): Claude Simon, *Discours de Stockholm*, 1986.

Conrad, Joseph: Claude Simon, *Discours de Stockholm*, 1986.

Crucifixion (Pénicaud, Léonard): Claude Simon, *Discours de Stockholm*, 1986.

D
Daudet, Alphonse: *La Nouvelle Critique*, 1977.

David, Jacques-Louis: L.Dällenbach, *Claude Simon*, 1988.

Degas, Edgar: M.Alphan, *Libération*, 6 janv. 1988.

Degré zéro de l'écriture (Le) (Barthes, Roland): M.Alphant, *Libération*, 31 août 1989.

Deguy, Michel: *N.R.H.A.*, t.2, 1972; *La Nouvelle Critique*, 1977.

Delacroix, Eugène: *La Nouvelle Critique*, 1977.
Deleuze, Gilles: *La Nouvelle Critique*, 1977.

Delvaux, Paul: *La Nouvelle Critique*, 1977.

Duchamp, Marcel: *Claude Simon*, colloque Cerisy, 1975.

Diderot, Denis: *Entretiens*, 1972.

Doisneau, Robert: A.Armel, *Magazine Littéraire*, mars 1990.

Dostoïevski, Fedor: *N.R.H.A.*, t.2, 1972; *La Nouvelle Critique*, 1977; A.Armel, *Magazine Littéraire*, mars 1990.

Dubuffet, Jean: *Claude Simon*, colloque Cerisy, 1975; *La Nouvelle Critique*, 1977; A.Poirson, *Révolution*, 22 janv. 1982, M.Alphant, *Libération*, 31 août 1989.

Dufy, Raoul: *L'Express*, 5 avril 1962; *Le Monde,* 26 avril 1967; *Entretiens*, 1972, *La Nouvelle Critique*, 1977; M.Alphant, *Libération*, 10 dec.1985; A.Armel, *Magazine Littéraire*, mars 1990.

Dürer, Albrecht: M.Alphant, *Libération,* 31 août 1989.

E

Eco, Umberto: *La Nouvelle Critique*, 1977.

Ecrits (Lacan, Jacques): *La Nouvelle Critique*, 1977.

Eden, Eden, Eden (Guyotat, Pierre): *La Nouvelle Critique*, 1977.

Eliot, Thomas Stearns: *La Nouvelle Critique*, 1977.
Embarquement de Cléopâtre (l') (Giambabattista Tiepolo) *Claude Simon,* colloque Cerisy, 1975.

Emmanuel, Pierre: *La Nouvelle Critique*, 1977; A.Armel, *Magazine Littéraire*, mars 1990.

Emploi du temps (l') (Butor, Michel): *La Nouvelle Critique*, 1977.

Enlèvement des Sabines (l') (Poussin, Nicolas): *N.R.H.A.*, t.2, 1972; *Claude Simon*, colloque Cerisy, 1975; *La Nouvelle Critique*, 1977; Claude Simon, *Discours de Stockholm*, 1986.

Ere du soupçon (L') (Sarraute, Nathalie): M.Alphant, *Libération*, 31 août 1989.

Espoir (L') (Malraux, André): *L'Express*, 5 avril 1962; Claude Simon, *Discours de Stockholm*, 1986.

F

Faguet, Emile: *Entretiens*, 1972; *N.R.H.A.*, t.2, 1972; *La Nouvelle Critique,* 1977; Claude Simon, *Discours de Stockholm*, 1986; A.Armel, *Magazine Littéraire,* mars 1990.

Faulkner,William: *L'Express*, 5 avril 1962; A.Poirson, *Révolution*, 22 janv. 1982; Claude Simon, *Discours de Stockholm*, 1986; M.Alphant, *Libération*, 31 août 1989.

Faure, Elie: *La Nouvelle Critique*, 1977; M.Alphant, *Libération,* 10 dec.1985; Ph.Boyer, *Libération,* 6 janv. 1988.

Flaubert, Gustave: *Entretiens*, 1972; *Claude Simon*, colloque Cerisy, 1975; *La Nouvelle Critique*, 1977; J.van Apeldoorn, C.Grivel, 1979; M.Alphant, A.Poirson, *Révolution*, 22 janv. 1982 ; *Libération*, 10 dec.1985; Claude Simon, *Discours de Stockholm*, 1986; L.Dällenbach, *Claude Simon*, 1988, A.Clavel, *L'Evénement du jeudi*, 31 août-6 sept. 1989.

Foucault, Michel: *La Nouvelle Critique*, 1977.

Fragonard, Jean-Honoré: A.Poirson, *Révolution*, 22 janv. 1982.

France, Anatole: *Entretiens*, 1972.

Freud, Sigmund: *La Nouvelle Critique*, 1977; A.Poirson, *Révolution*, 22 janv. 1982.

Funérailles de Patrocle (Les) (Jacques Louis David) : *N.R.H.A.*, t.2, 1972.

G

Gaudi, Antonio: A.Poirson, *Révolution*, 22 janv. 1982.

Gautier, Théophile: *La Nouvelle Critique*, 1977.

Genette, Gérard: *La Nouvelle Critique*, 1977; A.Poirson, *Révolution*, 22 janv. 1982.

Gide, André: *N.R.H.A.*, t.2, 1972.

Goethe, Johan Wolfgang: *N.L.*,3 mai 1962.

Gombrich, Ernest Hans: Claude Simon, *Discours de Stockholm*, 1986.

Greuze, Jean-Baptiste: *Entretiens*, 1972.

Guernica (Picasso, Pablo) : *La Nouvelle Critique*, 1977.

Guyotat, Pierre: *La Nouvelle Critique*, 1977.

H

Heisenberg, Werner, Karl:*Le Monde*, 26 avril 1967.

Henri Brulard (Stendhal) : *La Nouvelle Critique*, 1977.

Henriot, Emile: A.Poirson, *Révolution*, 22 janv. 1982.

Héraclite: A.Poirson, *Révolution*, 22 janv. 1982.

Histoire d'O. (Pauline Réage): *La Nouvelle Critique*, 1977.

J

Jakobson, Roman: *Claude Simon*, colloque Cerisy, 1975; *La Nouvelle Critique*, 1977; A.Poirson, *Révolution*, 22 janv. 1982; Claude Simon, *Discours de Stockholm*, 1986; A.Armel, *Magazine Littéraire*, mars 1990.

Jdanov, Andréï: A.Poirson, *Révolution*, 22 janv. 1982.

Joyce, James: *Entretiens*, 1972; N.R.H.A., t.2, 1972; *La Nouvelle Critique*, 1977; Claude Simon, *Discours de Stockholm*, 1986; A.Armel, *Magazine Littéraire*, mars 1990.

K

Kafka, Franz: *Entretiens*, 1972; *N.R.H.A.*, t.2, 1972; *La Nouvelle Critique*, 1977; M.Alphant, *Libération*, 31 août 1989.

Kahnweiler, Daniel-Henry: A.Poirson, *Révolution*, 22 janv. 1982.

Klee, Paul, *Entretiens*, 1972, *N.R.H.A.*, t.2, 1972; *Claude Simon*, colloque Cerisy, 1975.

L

Lacan, Jacques: *N.R.H.A.*, t.2, 1972; *La Nouvelle Critique*, 1977; Claude Simon, *Discours de Stockholm*, 1986.

La Fontaine, Jean (de): *La Nouvelle Critique*, 1977.

Léger, Fernand: M.Alphant, *Libération*, 10 dec.1985.

Lénine: *Entretiens*, 1972.

Léonard de Vinci: *N.R.H.A.*, t.2, 1972.

Lévi-Strauss, Claude: *N.R.H.A.*, t.2, 1972; *La Nouvelle Critique*, 1977; Tanase, *Médias*, 12 fév. 1988.

Lhote, André: *La Nouvelle Critique*, 1977; M.Alphant, *Libération*, 10 dec.1985.

Liaisons dangereuses (Les) (C.Laclos): Claude Simon, *Discours de Stockholm*, 1986.

Lindon, Jérôme: *La Nouvelle Critique*, 1977; L.Dällenbach, *Claude Simon*, 1988.

Lorrain, Claude: *Claude Simon*, colloque Cerisy, 1975.

M

Madame Bovary (Flaubert, Gustave): B.L.Knapp, *K.R.Q*, 1969; *N.R.H.A.*, t.2, 1972; *Claude Simon*, colloque Cerisy, 1975; *La Nouvelle Critique*, 1977.

Madame de La Fayette: *La Nouvelle Critique*, 1977.

Mademoiselle Julie (Maupassant?): Claude Simon, *Discours de Stockholm*, 1986.

Magritte, René: J.van Apeldoorn, C.Grivel, 1979.

Ma jolie (Cézanne, Paul): A.Poirson, *Révolution*, 22 janv. 1982.

Mallarmé, Stéphane: J.van Apeldoorn, C.Grivel, 1979; Claude Simon, *Discours de Stockholm*, 1986; L.Dällenbach, *Claude Simon*, 1988.

Malraux, André: *L'Express*, 5 avril 1962; Claude Simon, *Discours de Stockholm*, 1986.

Mandoline, cruche et verre (Picasso, Pablo,1959): A.Poirson, *Révolution*, 22 janv. 1982.

Martineau, Henri: *Entretiens*, 1972; *N.R.H.A.*, t.2, 1972; Claude Simon, *Discours de Stockholm*, 986.

Massacres de Scio (Eugène Delacroix)*N.R.H.A.*, t.2, 1972.

Marx, Karl: *La Nouvelle Critique*, 1977; Claude Simon, *Discours de Stockholm*, 1986.

Matisse, Henri: A.Poirson, *Révolution*, 22 janv. 1982; M.Alphant, *Libération*, 10 déc.1985.

Maxime du Camp: L.Dällenbach, *Claude Simon*, 1988.

Merleau-Ponty, Maurice: *Entretiens*, 1972; *N.R.H.A.*, t.2, 1972; *Claude Simon*, colloque Cerisy, 1975; *La Nouvelle Critique*, 1977; A.Poirson, *Révolution*, 22 janv. 1982.

Michel-Ange: A.Armel, *Magazine Littéraire*, mars 1990.

Michelet, Jules: *La Nouvelle Critique*, 1977.

Minotaure (Le) (revue surréaliste): M.Alphant, *Libération*, 31 août 1989.

Miro', Joan: B.L.Knapp, *K.R.Q.*, 1969; *Claude Simon,* colloque Cerisy, 1975; A.Poirson, *Révolution*, 22 janv. 1982.

Mobile (Butor, Michel): *La Nouvelle Critique*, 1977.

Monet, Claude: *Claude Simon*, colloque Cerisy, 1975; *La Nouvelle Critique*, 1977.

Montaigne, Michel (de) : (A.Clavel, *L'Evénement du jeudi*, 31août-6 sept. 1989).

Montherlant, Henri (de): *Entretiens*, 1972; *Claude Simon*, colloque Cerisy, 1975; Claude Simon, *Discours de Stockholm*, 1986.

Morgan, Charles Langbridge: *La Nouvelle Critique*, 1977.

Motherwell, Robert: A.Poirson, *Révolution*, 22 janv. 1982.

N

Nadeau, Maurice: *La Nouvelle Critique*, 1977; M.Alphant, *Libération*, 10 dec.1985.

Nègre du Narcisse (Le) (Conrad, Joseph): Claude Simon, *Discours de Stockholm*, 1986.

Nevelson, Louise: *Claude Simon*, colloque Cerisy, 1975; A.Poirson, *Révolution*, 22 janv. 1982; M.Alphant, *Libération*, 31 août 1989.

Noces de Cana: (Véronèse): *N.R.H.A.*, t.2, 1972; *Claude Simon*, colloque Cerisy, 1975.

Nouvelle Héloïse (La) (Rousseau, Jean-Jacques): Claude Simon, *Discours de Stockholm*, 1986.

Novalis, Friedrich: *L.F.*, 13-19 avril 1967;*Claude Simon*, colloque Cerisy, 1975; *La Nouvelle Critique*, 1977; J.van Apeldoorn, C.Grivel, 1979; A.Poirson, *Révolution*, 22 janv. 1982; Claude Simon, *Discours de Stockholm*, 1986.

O

Ollier, Claude: *N.R.H.A.*, t.2, 1972; *La Nouvelle Critique*, 1977.

Orion aveugle (Poussin, Nicolas): *La Nouvelle Critique*, 1977.

P

Papillon (A.Charrière): *La Nouvelle Critique*, 1977.

Paradis terrestre (le) (Morris Williams)*Claude Simon*, colloque Cerisy, 1975.

Pascal, Blaise: *La Nouvelle Critique*, 1977.

Pêche à la baleine (Klee, Paul): *N.R.H.A.*, t.2, 1972.

Peste (La) (Camus, Albert): A.Poirson, *Révolution*, 22 janv. 1982.

Picasso, Pablo: *Entretiens*, 1972; *N.R.H.A.*, t.2, 1972; *La Nouvelle Critique*, 1977; A.Poirson, *Révolution*, 22 janv. 1982; .M.Alphant, *Libération*, 10 dec.1985.

Picon, Gaëtan: *N.R.H.A.*, t.2, 1972.

Piero delle Francesca :L.Dällenbach, *Claude Simon*, 1988.

Pinget, Robert: *La Nouvelle Critique*, 1977.

Platon: *La Nouvelle Critique*, 1977.

Ponge, Francis:M.Alphant, *Libération*, 31 août 1989.

Portement de la croix: (Breughel, Pieter) : *La Nouvelle Critique*, 1977.

Poussin, Nicolas: *Claude Simon*, colloque Cerisy, 1975; *La Nouvelle Critique*, 1977; M.Alphant, *Libération*, 10 dec.1985; Claude Simon, *Discours de Stockholm*, 1986.

Princesse de Clèves (La) (Madame de Lafayette) : Claude Simon, *Discours de Stockholm*, 1986.

Proust, Marcel: *L'Express*, 5 avril 1962; *N.L.*, 3 mai 1962; *Le Monde*, 26 avril 1967; B.L.Knapp, *K.R.Q*, 1969; *Le Figaro Littéraire*, 3 avril 1976; *Entretiens*, 1972; *N.R.H.A.*, t.2, 1972 *Claude Simon*, colloque Cerisy, 1975; *La Nouvelle Critique*, 1977; J.van Apeldoorn, C.Grivel, 1979; A.Poirson, *Révolution*, 22 janv. 1982; Claude Simon, *Discours de Stockholm*, 1986; M.Alphant, *Libération*, 6 janv. 1988; Tanase, *Médias*, 12 fév. 1988; L.Dällenbach, *Claude Simon*, 1988; A.Armel, *Magazine Littéraire*, mars 1990.

Q
Queneau, Raymond: *La Nouvelle Critique*, 1977.

R
Racine, Jean: *La Nouvelle Critique*, 1977.

Raillon, Jean-Claude: *La Nouvelle Critique*, 1977.

Rauschenberg, Robert: *N.R.H.A.*, t.2, 1972; A.Poirson, *Révolution*, 22 janv. 1982, L.Dällenbach, *Claude Simon*, 1988.

Recherche (La) (Proust, Marcel):*Claude Simon*, colloque Cerisy, 1975.

Rembrandt: *La Nouvelle Critique*, 1977.

Renoir, Jean: N.R.H.A., t.2, 1972; *La Nouvelle Critique*, 1977; A.Armel, *Magazine Littéraire*, mars 1990.

Ricardou, Jean: *N.L.*, 3 mai 1962, *L.F.*, 13-19 avril 1967; *N.R.H.A.*, t.2, 1972; *Claude Simon,* colloque Cerisy, 1975; *La Nouvelle Critique*, 1977.

Rimbaud, Arthur: *La Nouvelle Critique*, 1977.

Robbe-Grillet, Alain: *N.L.*, 29 dec. 1960; *Claude Simon*, colloque Cerisy, 1975; *La Nouvelle Critique*, 1977; A.Poirson, *Révolution*, 22 janv. 1982.

Roche, Denis: A.Armel, *Magazine Littéraire*, mars 1990.

Rosenberg, Hilding: *Entretiens*, 1972; *N.R.H.A.*, t.2, 1972; *La Nouvelle Critique*, 1977.

Roubichou, Georges: *La Nouvelle Critique*, 1977.

Rouge et le Noir (Le) (Stendhal): *N.R.H.A.*, t.2, 1972; *Claude Simon*, colloque Cerisy, 1975; Claude Simon, *Discours de Stockholm*, 1986.

Rousseau, Henri (dit Le Douanier): A.Poirson, *Révolution*, 22 janv. 1982; A.Armel, *Magazine Littéraire*, mars 1990.

Rousset, Jean: *Claude Simon*, colloque Cerisy, 1975.

Rubens, Pierre-Paul: A.Armel, *Magazine Littéraire*, mars 1990.

S

Sagan, Françoise: *La Nouvelle Critique*, 1977.

Saint Georges combattant le dragon (Velede di Bologna), *Claude Simon*, colloque Cerisy, 1975.

Saint Pol-Roux, *Entretiens*, 1972.

San Antonio: *La Nouvelle Critique*, 1977.

Sand, Georges: *La Nouvelle Critique*, 1977; Claude Simon, *Discours de Stockholm*, 1986.

Sartre, Jean-Paul: A.Poirson, *Révolution*, 22 janv. 1982; Claude Simon, *Discours de Stockholm*, 1986.

Sarraute, Nathalie: *La Nouvelle Critique*, 1977; A.Poirson, *Révolution*, 22 janv. 1982, M.Alphant, *Libération*, 31 août 1989.

Schwitters, Kurt: A.Poirson, *Révolution*, 22 janv. 1982.

Second manifeste du surréalisme (Le) (Breton, André):Claude Simon, *Discours de Stockholm*, 1986.

Serment du jeu de Paume (David, Jacques-Louis) : L.Dällenbach, *Claude Simon*, 1988.

Shakespeare, William:Claude Simon, *Discours de Stockholm*, 1986.

Soulages, Pierre: Tanase, *Médias*, 12 fév. 1988.

Starobinski, Jean: A.Armel, *Magazine Littéraire*, mars 1990.

Stendhal: *Entretiens*, 1972; *N.R.H.A.*, t.2, 1972; *La Nouvelle Critique*, 1977; A.Poirson, *Révolution*, 22 janv. 1982; Claude Simon, *Discours de Stockholm*, 1986; L.Dällenbach, *Claude Simon*, 1988, M.Alphant, *Libération*, 31 août 1989.

Strinberg, Auguste: Claude Simon, *Discours de Stockholm*, 1986.

Suzanne au bain (Le TintoreLe Tintoret) : Claude Simon, *Discours de Stockholm*, 1986.

T

Tapiès, Antoni: M.Alphant, *Libération*, 31 août 1989.

Tintoret (Le): A.Armel, *Magazine Littéraire*, mars 1990.

Tolstoï, Léon: M.Alphant, *Libération*, 10 dec.1985; Claude Simon, *Discours de Stockholm*, 1986; L.Dällenbach, *Claude Simon*, 1988.

Tynianov, Iouri: *N.R.H.A.*, t.2, 1972; *Claude Simon*, colloque Cerisy, 1975; *La Nouvelle Critique*, 1977; Claude Simon, *Discours de Stockholm*, 1986; A.Armel, *Magazine Littéraire*, mars 1990.

V

Valéry, Paul: *Entretiens*, 1972; *La Nouvelle Critique*, 1977; M.Alphant, *Libération*, 10 dec.1985; Claude Simon, *Discours de Stockholm*, 1986; A.Armel, *Magazine Littéraire*, mars 1990.

Van Gogh, Vincent: *N.R.H.A.*, t.2, 1972; *Claude Simon*, colloque Cerisy, 1975; *La Nouvelle Critique*, 1977; A.Poirson, *Révolution*, 22 janv. 1982; Ph.Boyer, *Libération*, 6 janv. 1988.

Véronèse, Paolo: *Claude Simon*, colloque Cerisy, 1975; *La Nouvelle Critique*, 1977.

Vie d'Henri Brulard (Stendhal): Claude Simon, *Discours de Stockholm*, 1986; M.Alphant, *Libération*, 31 août 1989.

W

Wilde, Oscar: *La Nouvelle Critique*, 1977; J.van Apeldoorn, *C.Grivel*, 1979; Claude Simon, *Discours de Stockholm*, 1986.

-III-
INDEX DES NOTIONS ET DES CONCEPTS DÉFINIS

-V-
BIBLIOGRAPHIE CLAUDE SIMON

1- Romans et textes courts

1945 : *Le Tricheur*, Ed. du Sagittaire, repris par les éditions de Minuit.

1947 : *La Corde raide*, Ed. du Sagittaire, repris par les éditions de Minuit.

1952 : Gulliver, Ed. Calmann-Lévy.

1954 : *Le Sacre du printemps*, Ed. Calmann-Lévy, repris en 1974 dans la collection "Livre de poche".

1957 : *Le Vent.* Tentative de restitution d'un rétable baroque, Ed. de Minuit.

1958 : *L'Herbe*, Ed. de Minuit, repris en 1986 dans la collection "Double" de la même édition.

1960 : *La Route des Flandres*, Ed. de Minuit, repris en 1963 dans la collection 10X18, puis en 1984 dans la collection "Double".

1962 : *Le Palace*, Ed. de Minuit, repris en 1970 dans la collection 10X18.

1967 : *Histoire*, Ed. de Minuit, repris en 1973 dans la collection "Folio", Ed. Gallimard.

1969 : *La Bataille de Pharsale*, Ed. de Minuit .

1971 : *Les Corps conducteurs*, Ed. de Minuit.

1973 : *Tryptique*, Ed. de Minuit.

1975 : *Leçon de choses,* Ed. de Minuit.

1981 : *Les Géorgiques*, Ed. de Minuit.

1984 : *La Chevelure de Bérénice*, Ed. de Minuit; ce texte est la reprise du texte de *Femmes*.

1987 : *L'invitation*, Ed. de Minuit.

1989 : *L'Acacia,* Ed. de Minuit.

1997 : *Le Jardin des Plantes*, Ed. de Minuit.

2001 : *Le tramway*, Ed. de Minuit.

2009 : *Archipel et Nord*, Ed. de Minuit.

2015 : *Le Cheval*, Ed.du Chemin de fer.

2- Textes / image

1966 : *Femmes*. Sur vingt-trois peintures de Joan Miro', Ed. Maeght; ce texte est reproduit dans le n°31 de la revue *Entretiens* (1972).

1970 : *Orion aveugle*, Ed. Skira, Coll. "Les sentiers de la création"

1988 : *Album d'un amateur,* Remagen-Rolandseck, Rommerskirchen Verlag, collection "Signatur".

1992 : *Photographies*, préface de Denis Roche, Maeght.

3- Théâtre

2019 : *La séparation* (pièce de thé^^atre jouée en 1963), Ed.du Chemin de fer.

4- Textes courts publiés dans des revues (classés par ordre alphabétique)

-A-

- "L'Attentat", *La Nouvelle Revue Française*, 10ème année, n°111, 1er mars 1962, pp. 413-452.

-B-

- "Babel", *Les Lettres Nouvelles*, 3ème année, n°31, oct. 1955, pp.391-413.

-C-

- "Le Candidat", *Arts,* n°698, nov. 1958, p.3; repris en partie dans Histoire.
- "Cendre", *Revue de Paris*, mars 1959, pp.72-82.
- "Le Cheval", *Les Lettres Nouvelles*, n°57, fév. 1958, pp.169-189.
- "Comme du sang délayé", *Les Lettres Françaises*, n°52, 1-7 déc. 1960, pp.1 et 5, repris en partie dans Le Palace.
- "Correspondance", *Tel Quel*, n°16, hiver 1964, pp. 18-32, repris dans Histoire.

-D-

- "Deux personnages", *Art Press*, n°2, fév. 1973, pp.14-15.

-E-

- "Essai de mise en ordre de notes prises au cours d'un voyage en Zeeland (1962) et complétées", *Minuit*, n°3, mars 1973, pp.1-18.

-F-

- "Femmes", *Entretiens*, n°31, 1972, pp.169-178, reproduit le texte de l'ouvrage *Femmes*, Ed. Maeght, 1966.
- "Funérailles d'un révolutionnaire assassiné", *Médiations*, hiver 1961-1962, pp. 11-24, repris dans Le Palace.

-I-

- "Inventaire", *Les Lettres Nouvelles*, n°22, fév. 1962, pp. 50-58, repris dans Le Palace.

-J-

- "Les Jardins publiques", in *Les Sites de l'écriture*. Colloque Claude Simon.Queen's University, Mireille Calle-Grüber (Dir.), Paris, Nizet, 1995, pp.25-37.

-L-

- "Lieu", *L'Humanité*, 9 décembre 1977.

-M-

- "Matériaux de construction", *Les Lettres Nouvelles*, n°9, déc. 1960, pp.112-122, repris en partie dans *Le Palace* et dans *Histoire*.
- "Mot-à-mot", *Les Lettres Nouvelles*, nouvelle série, n°6, 8 avril 1959, pp.6-10.

-P-

- "Parenthèse", *Revue de la Bibliothèque Nationale*, printemps 1985.
- "La Poursuite", *Tel Quel,* printemps 1960, repris dans *La Route des Flandres*.
- "Progression dans un paysage enneigé", *Etudes Littéraires*, IX, 1, 1976, pp.217-221, repris dans *Les Géorgiques*.
- "Propriétés des rectangles", Tel Quel, n°44, 1971, pp. 3-16, repris dans *Les Corps Conducteurs*.

-R-

- "Des Roches striés vert pâle parsemés de points noirs", *Les Lettres Nouvelles*, juin-août 1964, pp.53-68, repris dans *Histoire*.

-S-

- "La Statue", *Mercure de France*, n°1213, nov. 1964, pp. 393-409, repris dans *Histoire*.
- "Sous le Kimono", *Les Lettres Françaises*, n°59, 19-25 janv. 1961, p.5, repris en partie dans *Histoire*.

5- Essais, conférences et communications
2012 : *Quatre conférences*, Ed. de Minuit.

-"Signification, roman et chronologie", conférence prononcée par Claude Simon au début de 1961 à la Sorbonne. Lire compte rendu de J.Parot , "A la Sorbonne, Claude Simon part en guerre contre la signification", paru dans *Les Lettres Françaises*, n°859, 19-25 janv. 1961.

-"Le romancier et la politique: et si les écrivains révolutionnaires jouaient le rôle de la presse du coeur?", *L'Express*, n°632, 25 juill. 1963, pp.25-26.

-"Pour qui écrit donc Sartre?", *L'Express*, 28 mai 1964, pp.30-33.

-"Pour Monique Wittig", *L'Express*, 30 nov. 1964, p.69.

-"Lettre ouverte à l'Union des Etudiants Communistes", *L'Express*, 7-13 dec. 1964.

-"Déclaration", *Nouvel Observateur*, 15 mai 1967.

-"Littérature: Tradition et révolution", *La Quinzaine Littéraire*, n°27, 1er-15 mai 1967, pp.12-13.

- "Problèmes du Nouveau Roman: trois avis autorisés (Claude Ollier, Philippe Sollers, Claude Simon)" . Remarques sur le livre de Jean Ricardou (*Problèmes du Nouveau Roman*), *Les Lettres Françaises*, n°1203, 11-17 oct. 1967.

-"Les Sentiers de la création", préface manuscrite à *Orion aveugle*, 1970.

-"La fiction mot-à-mot", in *Nouveau Roman: hier, aujourd'hui*, colloque de Cerisy, U.G.E., Coll. 10X18, tome 2, 1971, pp.73-97, traduit en anglais par Barbara Wright, *The Review of Contemporary Fiction*, 5 (1), Spring 1985, pp.34-46.

-"Littérature et cinéma", *Premier Plan*, n°18, 1971.

-[Conférence de Lausanne].Lire P.-A. RIEBEN, "Claude Simon à Lausanne (compte rendu d'une conférence de Claude Simon), *Etudes de Lettres*, t.4, n°1, janv.-mars 1971,pp.57-58.

-"Le poisson Cathédrale", conférence prononcée par Claude Simon en 1975 à l'Université d'Oslo, puis à l'Université de Genève et dont Mireille Calle reproduit des extraits dans Claude Simon. *Chemins de la mémoire*, M.Calle (Dir.), Ed. Le Griffon d'argile, P.U.G., Coll. "Trait d'union", 1993, pp.160-162.

-"Roman, description et action", in *The Feeling for Nature and the Landscape of Man*, proceedings of 45th Nobel Symposium Held, sept. 10-12, 1978, in Göteborg, Edited by Paul Haliberg.

-"Reflections on the Novel.Claude Simon's adress to the Colloquium on the New Novel, New York University, oct. 1982", in *The Review of Contemporary Fiction*, 5, (1), Spring 1985, pp.14-23.

-*Discours de Stockholm*, Ed. de Minuit, 1986.

-"Roman et mémoire" (extrait d'une conférence inédite), *Revue des Sciences humaines*, n°220, tome LXXXXIV, oct.-dec. 1990.

-"Note sur le plan de montage de *La Route des Flandres*", in M.Calle (Dir.), *Claude Simon. Chemins de la mémoire*, Ed. Le Griffon d'argile, P.U.G., Coll. "Trait d'union", 1993.

-"Allocution", (de Claude Simon à Queen's University), in M.Calle-Grüber (Dir.), *Les Sites de l'écriture*. Colloque Claude Simon, Paris, Nizet, 1995, pp.16-21.

6-Correspondance

1994 : SIMON, C. et DUBUFFET, J., *Correspondance (1970-1984)*, Echoppe, 66 pages.

-"Le métier du romancier" (extrait d'une lettre inédite de 1971), *Le Monde*, 19 oct. 1985.

-"Lettres de Claude Simon" (à S.Sykes), in S.Sykes, *Les romans de Claude Simon*, Paris, Minuit, 1979; pp.129, 135, 141 (extraits de la lettre du 29 juill. 1973), p.189 (extrait de la lettre du 8 avril 1979).

-"Lettres" (extraits de la correspondance entre Claude Simon et Lucien Dällenbach) in L.Dällenbach, *Claude Simon*, Paris, Seuil, 1988, pp.162-169.

7- Entretiens, réponses à des enquêtes et débats

-A-

AJAME, P., "Leurs projets? dans un mois? dans un an? (Montherlant, J.Hougron, C.Simon, F.Mallet-Joris)", *Les Nouvelles littéraires*, n°1743, 26 janv. 1961.

ALIETTE, A., "Claude Simon, le passé recomposé", *Magazine Littéraire*, n°275, mars 1990.

ALPHANT, M., "Claude Simon. La Route du Nobel", *Libération*, 10 dec. 1985.

ALPHANT, M., "J'ai deux souvenirs d'extrême fatigue: la guerre et le Nobel", *Libération*, 6 janv. 1988.

ALPHANT, M., " Et à quoi bon inventer?" (entretien), *Libération*, 31 août 1989.

APPELDOORN, J. (van) et GRIVEL, Ch., "Entretien avec Claude Simon (le 17 avril 1979)", in Ch. Grivel (Dir.), *Ecriture de la religion. Ecriture du roman*, Groningue, Centre Culturel Français, P.U.L., 1979, pp.87-107.

AUBAREDE (d'), G., "Claude Simon. Instantané", *Les Nouvelles littéraires*, 7 nov. 1957.

-B-

BERGER, Y. et SIMON, C., "Deux écrivains répondent à Jean-Paul Sartre, (Y.Berger: "Nous ne sommes pas des traîtres", C.Simon: "Pour qui écrit Sartre?")", *L'Express*, 28 mai 1964.

BERTIN, C., "Claude Simon. Un écrivain qui ne veut être qu'un écrivain", *Arts et Loisirs*, n°82, 19 avril 1967.

BIRN, R. et GOULG, K., "Simon on Simon. An interview with the artist", in R.Birn et K.Gould, *Orion Blinded. Essays on Simon*, 1981, pp. 285-288.

BIRO-THIERBACH. K., "Claude Simon sur les sentiers de la création", propos recueillis, *Gazette Littéraire*, 27 juin 1970.

BOIS, P., "La découverte des Flandres", (entretien), *Le Figaro*, 13 juill. 1990.

BOURDET, D., "Images de Paris: Claude Simon", *La Revue de Paris*, 68ème année, n°1, janv. 1961, repris dans *Brèves rencontres*, Paris, Grasset, 1962, pp.215-224.

BOURIN, A., "Techniciens du roman: Claude Simon. Entrevue", *Les Nouvelles Littéraires*, n°1739 , 29 dec. 1960.

BOURIN, A., "Cinq romanciers jugent le roman (Nathalie Sarraute, Michel de Saint-Pierre, Claude Simon, Jean Hougron, J.-R. Huguenin), *Les Nouvelles littéraires*, n°1764, 22 juin 1961 et n°1765, 29 juin 1961.

-C-

CALLE, M., "Inlassable réa(e)ncrage du vécu" (entretien avec Claude Simon), in M.Calle (Dir.), *Claude Simon. Chemins de la mémoire*, Ed. Griffon d'argile, P.U.G., Coll. "Trait d'union", 1993.

CASANOVA, N. "L'inspiration ça n'existe pas" (extraits d'entretien), *Le Quotidien de Paris*, 18 oct. 1985.

CHALON, J., "Réponse à une enquête: les débuts obscurs d'écrivains célèbres", *Le Figaro*, 11 mars 1972, pp. 13-14.

CHAPSAL, M., "Entretien avec Claude Simon", *L'Express*, 10 nov. 1960.

CHAPSAL, M., "Le roman jeune", (interview avec Claude Simon et Alain Robbe-Grillet), *L'Express*, n°506, 12 janv. 1961.

CHAPSAL, M., "Entretien. Claude Simon parle", *L'Express*, 5 avril 1962.

CHAPSAL, M., *Quinze écrivains. Entretiens*, Paris, René-Julliard, 1963, (reproduit l'entretien avec Claude Simon publié dans *L'Express* du 10 nov. 1960).

CHAPSAL, M., "Il n'y a pas d'art réaliste", *La Quinzaine Littéraire*, n°41, 15-30 dec. 1967.

CHAPSAL, M., "Claude Simon", in *Les Ecrivains en personne*, U.G.E.,1973, pp.285-291.

CLAVEL, A., "Claude Simon: "La guerre est toujours là", (entretien), *L'Evénement du Jeudi*, 31 août- sept. 1989.

CLAVEL, A., "Prologue à une rencontre avec C.Simon", *Les Nouvelles Littéraires*, 28 oct. 1982.

-D-

DÄLLENBACH, L., "Attaques et stimuli" (entretien), in L.Dällenbach, *Claude Simon*, Paris, Seuil, 1988, pp.170-181.

DUNCAN, A. B., Interview de Claude Simon (réponses écrites à des questions écrites), réaliséé en 1983, in A. B. Duncan (Dir.), *Claude Simon. New Directions*, Scottish Academic Press, 1985, pp.12-18.

DURANTEAU, J., "Claude Simon: "le roman se fait, je le fais, il me fait", *Les Lettres Françaises*, n°1178, 13-19 avril 1967.

DUVERLIE, C., "The crossing of image", (entretien), *Diacritics*, VIII, 4, 1977, pp.47-58.

DUVERLIE, C., "The Novel as Textual Wandering: an Interview with Claude Simon", *Contemporary Literature*, 28 (1), 1987, pp.1-13.

-E-

ERIBON, D., "Fragments de Claude Simon" (entretien), *Libération*, 29 août 1981.

ERIBON, D., "Claude Simon sur la route de Stockholm", (entretien), *Le Nouvel Observateur*, 6 dec. 1985.

-G-

GALLAZ, C., "Claude Simon: la guerre, la terre, l'écriture et la menuiserie", (interview), *Le Matin Tribune*, 22 nov. 1981.

GARZAROLLI, R., "Interview de Claude Simon: "Pas de crise du roman français", *Tribune de Lausanne*, 7 juin 1970, 25-27.

GOUX, J.P. et POIRSON, A., "Claude Simon: pour en finir avec l'équivoque du réalisme", *L'Humanité*, 20 mai 1977.

-H-

HAROCHE, C., "Claude Simon" (entretien), *L'Humanité*, 26 oct. 1981.

-J-

JANVIER, L., "Réponses écrites à quelques questions écrites de L.Janvier", *Entretiens*, n°31, 1972, pp.15-29. Traduit en anglais en 1985 par Barbara Wright et publié dans *The Review of Contemporary Fiction*, 5 (1), Spring 1985, pp.24-33.

JOGUET, M., "Dialogue avec Claude Simon: "Le poids des mots", *Le Figaro Littéraire*, n°1559, 3 avril 1976, pp.13-14.

JUIN, H., "Les secrets d'un romancier. Entrevue avec Claude Simon", *Les Lettres Françaises*, n°844, 6-12 oct. 1960, p.5.

-K-

KNAPP, B., "Interview avec Claude Simon", *Kentucky Romance Quarterly*, n°2, 1969 (1970), pp.179-190.

-L-

LEBRUN, J. C., "L'Atelier de L'artiste. Visite à Claude Simon", (entretien), *Révolution*, 29 sept. 1989.

LE CLEC'H, G., "Claude Simon, prix de la nouvelle vague. "Je ne suis pas un homme orchestré" ", *Témoignage Chrétien*, 16 dec. 1960, pp.19-20.

LE CLEC'H, G., "Claude Simon a découvert à 54 ans le plaisir d'écrire. Prix Médicis", *Le Figaro Littéraire*, 4-10 dec. 1967.

LE CLEC'H, G., "Claude Simon: le jeu de la chose et du mot", *Les Nouvelles Littéraires*, 8 avril 1971, p.6.

LEVY, B.-H., "Claude Simon" (entretien), in *Les Aventures de la liberté. Une Histoire subjective des intellectuels*, Paris Grasset, 1991.

-M-

MALLET, F., "Quatre entretiens avec Claude Simon: un monde nécessaire à certains", *Les Cahiers Littéraires de L'O.R.T.F.*, n°16, 9-12 mai 1971, p.9-10.

MONTREMY, J.-M., de, "Je travaille comme un peintre", (entretien), *La Croix*, 19 oct. 1985.

-P-

PAULHAN, C., "J'ai essayé la peinture, la révolution, puis l'écriture" (interview), *Les Nouvelles Littéraires*, 15-21 mars 1984.

PIATIER, J., "Rendre la perception confuse, multiple et simultanée du monde", (entretien), *Le Monde*, n°6932, 26 avril 1967, p.V.

PIATIER, J., "Claude Simon ouvre *Les Géorgiques*", *Le Monde*, 4 sept. 1981.

POIRSON, A. et GOUX, J.-P., "Un homme traversé pat le travail", *La Nouvelle Critique*, juin-juillet 1977, pp.32-46.

POIRSON, A., "Avec Claude Simon sur des sables mouvants", *Révolution*, 22 janv. 1982.

PUGH, A. Ch., "Interview with Claude Simon: Autobiography, the Novel, politics", *The Review of Contemporary Fiction*, 5 (1), Spring 1985, pp.4-13.

-R-

ROLLIN, A., Entretien avec Claude Simon: "L'autre jour j'ai passé tout un après-midi sur six lignes" , in A.Rollin, *Ils écrivent où? quand? comment?*, Ed. Mazarine, 1986, pp.323-328.

-S-

SAINT-PHALLE, Th., "Claude Simon, franc-tireur de la révolution romanesque", (entretien), *Le Figaro Littéraire*, n°1094, 6 avril 1967.

SARRAUTE, C., "Avec *La Route des Flandres* Claude Simon affirme sa manière", *Le Monde*, 8 oct. 1960. Entretien reproduit à la fin de l'édition 10X18 de *La Route des Flandres*.

SENLIS, J., "Interview avec Claude Simon", *Clarté*, janv. 1961.

SIMON, C., "Qu'est-ce que l'Avant-garde en1958?", réponse à une enquête, *Les Lettres Françaises*, n°717, 24-30 avril 1958.

SIMON, C. , "Un bloc indivisible", réponse à la question "Pourquoi des romans?", *Les Lettres Françaises*, n°740, 4-10 dec. 1958.

SIMON, C., "Je cherche à suivre au mieux la démarche claudiquante de mon esprit", *Tribune de Lausanne*, 20 oct. 1959.

SIMON, C., Entretien, *Le Monde*, 8 oct. 1960.

SIMON, C., Réponse à une enquête: "Pensez-vous avoir un don d'écrivain?", *Tel Quel*, printemps 1960, pp.38-43.

SIMON, C., "Je ne peux parler que de moi", *Les Nouvelles Littéraires*, n°1809, 3 mai 1962.

SIMON, C., Réponse à une enquête sur la critique, *Tel Quel*, n°14, été 1964, p.84.

SIMON, C., Réponse à une enquête: "Pourquoi Celine?". Huit écrivains répondent, *Arts*, 13 dec. 1965.

SIMON, C., Réponse à une enquête: "Film et roman: problèmes du récit", n° spécial, *Cahiers du cinéma*, n°185, Noël 1966.

SIMON, C., "Les écrivains français prennent leur distance", (Les écrivains français devant le roman américain), *Le Monde* (des livres), 8 mars 1967.

SIMON, C., Réponse à un questionnaire: "Le roman par les romanciers", n° spécial, *Europe*, oct. 1968.

SIMON, C., "L'opinion des nouveaux romanciers", commentaire de Claude Simon, Claude Ollier, Robert Pinget, Alain Robbe-Grillet, Philippe Sollers, sur le livre de Jean Ricardou (*Pour une théorie du Nouveau Roman*), *Quinzaine Littéraire*, n°121,1-15 juill. 1971.

SIMON, C., Réponse à une enquête sur la femme en tant qu'écrivain, *La Quinzaine Littéraire*, 15-31 août 1974, pp.29-30.

SIMON, C., "Claude Simon à la question", discussion collective qui clôt le colloque *Claude Simon: analyse, théorie*, U.G.E., 1975, pp.403-431

-V-

VILLELAUR, A., "Le roman est en train de réfléchir sur lui-même", (huit romanciers autour d'un micro aux

Lettres Françaises participent à un débat organisé et dirigé par Anne Villelaur), *Les Lettres Françaises*, n°764, 12-18 mars 1959.

TABLE DES MATIERES

www.ingramcontent.com/pod-product-compliance
Lightning Source LLC
Chambersburg PA
CBHW021009180726

47993CB00019B/2067